人力资源优化管理与创新研究

梁金如 著

北京工业大学出版社

图书在版编目（CIP）数据

人力资源优化管理与创新研究 / 梁金如著 ． — 北京 ：
北京工业大学出版社，2021.9
　　ISBN 978-7-5639-8089-5

　　Ⅰ．①人… Ⅱ．①梁… Ⅲ．①企业管理－人力资源管
理－研究－中国 Ⅳ．① F279.23

中国版本图书馆 CIP 数据核字（2021）第 197605 号

人力资源优化管理与创新研究
RENLI ZIYUAN YOUHUA GUANLI YU CHUANGXIN YANJIU

著　　者：梁金如
责任编辑：张　娇
封面设计：知更壹点
出版发行：北京工业大学出版社
　　　　　（北京市朝阳区平乐园 100 号　邮编：100124）
　　　　　010-67391722（传真）　bgdcbs@sina.com
经销单位：全国各地新华书店
承印单位：北京亚吉飞数码科技有限公司
开　　本：710 毫米 ×1000 毫米　1/16
印　　张：10.25
字　　数：205 千字
版　　次：2022 年 7 月第 1 版
印　　次：2022 年 7 月第 1 次印刷
标准书号：ISBN 978-7-5639-8089-5
定　　价：60.00 元

作者简介

梁金如，女，1983年6月出生，硕士研究生，在读博士，暨南大学访问学者，广州理工学院工商管理学院人力资源管理系骨干教师，广东省人力资源研究会理事会员。

主要研究方向为人力资源管理。近几年主持广东省教育厅思政课题1项、广东省管理创新和发展研究会项目2项、校级课题2项。重点参与广州市社会科学规划课题1项、广东省青年创新人才类项目1项。发表论文共15篇，主编1部教材，作为副主编参编教材2部。

教学方面成绩突出，曾获得广东省本科高校在线教学优秀案例一等奖。指导学生参加比赛获奖颇丰，多次获学科竞赛优秀指导教师。被中国人力资源开发研究会4次评为优秀指导教师。指导学生参加人力资源管理学科竞赛获省级二等奖3项、三等奖1项，大学生创新创业项目立项与大赛获奖共计国家级2项、省级12项、市级5项。

前　言

　　古今中外，人才都是推动社会进步的重要资源，是实现可持续发展的宝贵财富。随着经济模式的不断更新，人力资源管理对企业的发展起到了举足轻重的作用。现代企业的竞争，归根结底是人才的竞争，也就是人才开发水平的竞争。企业的发展很大程度上依靠高素质的员工来实现，因而，人力资源开发与企业其他工作环节相比，更为重要，也更有挑战性。一方面，企业人力资源管理要建立积极的人才培养模式，重视对员工的培训，建立完善的制度；另一方面，企业要注重树立人才成本观念，既要注重投资回报，又要考虑人才投入的长远效应，不能为了节省成本资金而忽视对人才的引进、培养和使用。正确完善的人力资源管理模式能够极大地促进企业和社会的发展。

　　本书第一章内容是人力资源管理导论，主要从五方面进行了介绍，分别为人力资源的概念、人力资源管理的内涵及发展历程、人力资源管理的理论基础、人力资源管理的影响因素、人力资源管理的发展趋势；第二章内容是人力资源的管理模式，主要从六方面进行了介绍，分别为招聘与配置、培训与开发、绩效管理、薪酬管理、员工关系管理、国际人力资源管理；第三章内容是中外人力资源管理模式比较，主要从四方面进行了介绍，分别为欧洲人力资源管理模式、美国人力资源管理模式、日本人力资源管理模式、外国模式对我国人力资源管理的影响；第四章内容是大数据时代人力资源管理创新策略，主要从五方面进行了介绍，分别为大数据概述、大数据时代人力资源管理的发展、大数据时代对人力资源管理的影响、大数据时代人力资源管理存在的问题、大数据时代人力资源管理的创新应用；第五章内容是人力资源优化管理与创新实践案例，主要从三方面进行了介绍，分别为人力资源优化管理、人力资源优化管理实践案例、人力资源管理创新实践案例。

　　在撰写本书的过程中，笔者得到了许多专家学者的帮助和指导，参考了大量的学术文献，在此表示真诚的感谢。由于笔者水平有限，书中难免会有不足之处，希望广大同行及时指正。

目　录

第一章　人力资源管理导论

本章内容是人力资源管理导论，从以下五方面进行了介绍：人力资源的概念、人力资源管理的内涵及发展历程、人力资源管理的理论基础、人力资源管理的影响因素、人力资源管理的发展趋势。

第一节　人力资源的概念

一、人力资源的概念

（一）资源

按照逻辑从属关系，人力资源属于资源这一大的范畴，是资源的一种具体形式。因此，在解释人力资源的含义之前，本书先对资源进行简要的说明。

在《辞海》中，"资源"的释义为"生产资料或生活资料等的来源"。简单来说，资源是人类赖以生存的物质基础，本节从经济学和财富创造的角度来对"资源"进行阐释。

从经济学的角度来看，资源是指能给人们带来新的使用价值和价值的客观存在物，泛指社会财富的源泉。自人类出现以来，财富的来源无外乎两类：一类是来自自然界的物质，可以称之为自然资源，如森林、矿藏、河流、草地等；另一类就是来自人类自身的知识和体力，可以称之为人力资源。在相当长的时期里，自然资源一直是财富形成的主要来源，而随着科学技术的突飞猛进，人力资源对财富形成的贡献越来越大，重要性日益凸显。

从财富创造的角度来看，资源是指为了创造物质财富而投入生产过程的一切要素。经济学家萨伊认为，土地、劳动和资本是构成资源的三要素。马克思认为，生产要素包括劳动对象、劳动资料和劳动者，而劳动对象和劳动资料又构成了生产资料，因此，不论生产的社会形式如何，劳动者和生产资料始终是

1

生产的要素。经济学家熊彼特认为，资源除了土地、劳动、资本这三种要素之外，还应该加上企业家精神。随着社会的发展，信息技术的应用越来越广泛，其作用也越来越大，于是很多经济学家认为在生产要素中应该加上信息。目前，伴随着知识经济的兴起，知识在价值创造中发挥着独特作用，因此也有人认为应当把知识作为一种生产要素单独加以看待。

（二）人力资源

"人力资源"的概念最早出现于 1954 年彼得·德鲁克的《管理的实践》一书中。彼得·德鲁克认为，人力资源拥有当前其他资源所没有的素质，即"协调能力、融合能力、判断力和想象力"。经理们可以利用其他资源，但是人力资源只能自我利用，这是因为"人对自己是否工作绝对拥有完全的自主权"。彼得·德鲁克关于"人力资源"概念的提出，人事管理理论和实践的发展，以及后工业时代中员工管理的不适应，使人事管理开始向人力资源管理转变。这种转变正如彼得·德鲁克在其著作中所说的："传统的人事管理正在成为过去，一场新的以人力资源管理开发为主调的人事革命正在到来。"

20 世纪 60 年代以后，美国经济学家西奥多·舒尔茨和加里·贝克尔提出了现代人力资本理论。该理论认为，人力资本是体现在具有劳动能力（现实或潜在）的人身上的、以劳动者的数量和质量（知识、技能、经验、体质与健康）表示的资本，它是通过投资而形成的。人力资本理论的提出，使人力资源的概念更加广泛地深入人心，英国经济学家哈比森在《作为国民财富的人力资源》中写道："人力资源是国民财富的最终基础。资本和自然资源是被动的生产要素。人是积累资本，开发自然资源，建立社会、经济和政治并推动国家向前发展的主动力量。显而易见，一个国家如果不能发展人们的知识和技能，就不能发展任何新的东西。"自此以后，对人力资源的研究越来越多。到目前为止，对于人力资源的含义，学术界给出了多种不同的解释。根据研究的角度，本书将这些定义分为以下两大类。

第一类观点主要是从能力的角度来解释人力资源的含义，可以称为人力资源的"能力观"。持这种观点的人占了较大的比例。代表性的观点有以下几种。

①学者张德认为，人力资源是指能够推动整个经济和社会发展的劳动者的能力，即处在劳动年龄的已直接投入建设和尚未投入建设的人口的能力。

②学者刘昕认为，人力资源是一个国家、经济部门或组织所能够开发和利用的，用来提供产品和服务、创造价值、实现相关目标的，所有以人为载体的脑力和体力的综合。

③学者朱舟认为，人力资源是指包含在人体内的一种生产能力，它是表现在劳动者的身上，以劳动者的数量和质量表示的资源，对经济起着生产性的作用，并且是企业经营中最活跃、最积极的生产要素。

④学者萧鸣政等人认为，人力资源是指劳动过程中可以直接投入的体力、智力、心力的总和及其形成的基础素质，包括知识、技能、经验、品性与态度等身心素质。

第二类观点主要是从人的角度来解释人力资源的含义，可以称为人力资源的"人员观"。代表性的观点有以下几种。

①学者陆国泰认为，人力资源是指一定社会区域内所有具有劳动能力的适龄劳动人口和超过劳动年龄的人口的总和。

②学者内贝尔·埃利斯等人认为，人力资源是企业内部成员及外部的顾客等人员，即可以为企业提供直接或潜在服务，有利于企业实现预期经营效益的人员的总和。

③学者陈远敦、陈全明认为，人力资源是指能够推动社会和经济发展的具有智力和体力劳动能力的人员的总称。

综合国内外专家学者的研究可知，人力资源是指能够以各种有益于社会的脑力劳动和体力劳动创造财富，从而推动经济社会发展的人的总和。

二、人力资源相关概念辨析

（一）人口资源、人才资源和人力资源

人口资源是指一个国家或地区所拥有的人口总量。它是一个最基本的资源，主要表现为人口的数量，一切人力资源、人才资源皆产生于这个最基本的资源中。

人才资源通常是指一个国家或地区中具有较多科学知识或较强劳动技能，在价值创造过程中起关键或重要作用的那部分人。即大多数情况下，人才资源被看作是人力资源的一部分，即优质的人力资源。

应当说，人口资源、人才资源和人力资源这三个概念的关注点有所不同，人口资源和人才资源的关注点是人，而人力资源的关注点则是智力和体力，从关注点上来讲它们之间并没有什么可比性。就人口资源和人才资源来说，它们关注的重点也不同，人口资源更多的是一种数量概念，而人才资源更多的是一种质量概念。

在数量上，人口资源是最多的，它是人力资源形成的数量基础，人口资源

中具备一定智力资本和体能的那部分人的总和是人力资源；而人才资源又是人力资源的一部分，是人力资源中质量较高的那部分人的总和，是具有特殊智力资本和体能的人力资源，也是三者中数量最少的。

（二）人力资源和人力资本

"人力资源"和"人力资本"是容易混淆的两个概念，有些人将它们通用，其实这两个概念是有一定区别的。

1. 资本和人力资本

"资本"一词，语义上有三种解释：一是指掌握在资本家手里的生产资料和来雇用工人的货币；二是指经营工商业的本钱；三是指谋取利益的凭借物。在经济学上，马克思认为，资本是指那些能够带来剩余价值的价值。

对于"人力资本"的含义，被称为"人力资本理论之父"的西奥多·舒尔茨（美国著名经济学家）认为，人力资本是劳动者身上所具备的两种能力：一种能力是人通过先天遗传获得的，是由个人与生俱来的基因决定的；另一种能力是人后天获得的，由个人经过努力学习而形成，而读写能力是任何民族人口的人力资本质量的关键成分。根据其观点，人力资本这种体现在具有劳动能力（现实或潜在）的人身上的、以劳动者数量和质量（知识、技能、经验、体质与健康）表示的资本，是需要通过投资才能够获得的。

2. 人力资源和人力资本的关系

人力资源和人力资本是既有联系又有区别的两个概念。

应该说，人力资源和人力资本都是以"人"为基础而产生的概念，研究的对象都是人所具有的脑力和体力，都是在研究人力作为生产要素在经济增长和经济发展中的重要作用时产生的，从这一点看两者是一致的。而且，现代人力资源理论大都是以人力资本理论为根据的：人力资本理论是人力资源理论的重点内容和基础部分，人力资源经济活动及其收益的核算是基于人力资本理论进行的。

虽然这两个概念有着紧密的联系，但它们之间还是存在一定区别的。

首先，在与社会财富和社会价值的关系上，两者是不同的。人力资本是由投资形成的，强调以某种代价获得的能力或技能的价值，投资的代价可在提高生产力过程中以更大的收益收回。因此，劳动者将自己拥有的脑力和体力投入生产过程中参与价值创造，就要据此来获取相应的劳动报酬和经济利益。人力资本与社会价值的关系应当说是一种由因索果的关系。而人力资源则不同，作为一种资源，劳动者拥有的脑力和体力对价值的创造起了重要的贡献作用。人力资源强调人力作为生产要素在生产过程中的生产、创造能力，劳动者在生产过程中可以创造产品、创造财富，促进经济发展。人力资源与社会价值的关系应当说是一种由果溯因的关系。

其次，两者研究问题的角度和关注的重点不同。人力资本是通过投资形成的存在于人体中的资本形式，是形成人的脑力和体力的物质资本在人身上的价值凝结，是从成本收益的角度来研究人在经济增长中的作用。它强调投资付出的代价及其收回，考虑投资成本带来多少价值，研究的是价值增值的速度和幅度，关注的重点是收益问题，即投资能否带来收益以及带来多少收益的问题。人力资源则不同，它将人作为财富的来源来看待，是从投入产出的角度来研究人对经济发展的作用，关注的重点是产出问题，即人力资源对经济发展的贡献有多大，对经济发展的推动力有多强。

最后，人力资源和人力资本的计量形式不同。众所周知，资源是存量的概念，而资本则兼有存量和流量的概念，人力资源和人力资本也同样如此。人力资源是指一定时间、一定空间内人所具有的对价值创造起贡献作用并且能够被组织所利用的体力和脑力的总和。而人力资本，如果从生产活动的角度看，往往是与流量核算相联系的，表现为经验的不断积累、技能的不断增进、产出量的不断变化和体能的不断损耗；如果从投资活动的角度看，又与存量核算相联系，表现为投入教育培训、迁移和健康等方面的资本在人身上的凝结。

第二节　人力资源管理的内涵及发展历程

一、人力资源管理的含义

"人力资源管理"这一概念，是在彼得·德鲁克1954年提出人力资源的概念之后出现的。1958年，怀特·巴克出版了《人力资源功能》一书，首次将人力资源管理作为管理的普通职能加以论述。此后，随着人力资源管理理论和实践的不断发展，国内外产生了人力资源管理的各种流派，他们从不同的侧面对人力资源管理的概念进行了阐释。

人力资源管理是指为了达到组织的总体目标，运用现代科学的技术方法管理组织的人和事，协调好人与事的关系，处理好人与人之间的矛盾，充分发挥人的潜能，从而实现对人力资源的获取、开发、整合和调控的过程。人力资源管理包括人力资源规划、人员招聘与培训、薪酬体系的制定及绩效考核等方面。

二、人力资源管理的功能

人力资源管理的功能和职能在形式上是有些相似的。人力资源管理的功能是指人力资源管理自身应该具备或者发挥的作用，而人力资源管理的职能则是指它所要承担或履行的一系列活动。由此可知，人力资源管理的功能是通过它的职能来实现的。具体来说，人力资源管理的功能主要体现在四个方面：吸纳、维持、开发、激励。

吸纳功能主要是指吸引并让优秀的人才加入本企业；维持功能是指让已经加入的员工继续留在本企业；开发功能是指让员工保持能够满足当前及未来工作需要的技能；激励功能则是指让员工在现有的工作岗位上创造出优良的绩效。

就上述四项功能之间的相互关系而言，吸纳功能是基础，它为其他功能的实现提供了条件，不将人员吸引到企业中来，其他功能就失去了发挥作用的对象；激励功能是核心，是其他功能发挥作用的最终目的，如果不能激励员工创造出优良的绩效，其他功能的实现就失去了意义；开发功能是手段，只有让员工掌握了相应的工作技能，激励功能的实现才会具备客观条件，否则就会导致员工"心有余而力不足"；维持功能是保障，只有将吸纳的人员保留在企业中，开发和激励功能才会有稳定的对象，其作用才可能持久。

在企业的实践过程中，人力资源管理的这四项功能通常被概括为"选、育、用、留"四个字。"选"是指吸纳功能，人力资源管理要为企业挑选出合格的人力资源；"育"是指开发功能，人力资源管理要不断地培育员工，使其工作能力不断提高；"用"是指激励功能，人力资源管理要最大限度地使用已有的人力资源，为企业的价值创造作出贡献；"留"是指维持功能，人力资源管理要采用各种办法将优秀的人力资源保留在企业中。

三、人力资源管理的目标

人力资源管理的目标是指企业人力资源管理需要完成的职责和需要达到的绩效。人力资源管理既要考虑组织目标的实现，又要考虑员工个人的发展，强调在实现组织目标的同时实现员工个人的发展。从层次上看，人力资源管理目标包括全体管理人员在人力资源管理方面的目标任务与专门的人力资源部门的目标任务。具体来说，这些目标任务主要有以下几个方面。

①获取并保持适合组织发展的人力资源。人才是企业最重要的资源。在日益激烈的商业竞争中，拥有比对手更优秀、更忠诚、更有主动性与创造力的人才，是构建企业差异竞争战略优势的重要因素。然而，人才资源始终是稀缺资源，

随着社会的发展，人才的竞争也会越来越激烈。人力资源管理工作的首要目标就是为组织获取符合其发展需要的数量和质量的各种专业技术人员，这是开展其他工作的基础。很多企业在吸引人才方面都不惜重金，投入巨大。

②保持人力资源队伍的稳定性是人力资源管理的又一重要目标。近些年来，企业的人才流失率节节攀升。人才的流失不但会影响企业的正常运转，还会增加开支，降低工作效率。留住人才最主要的是提高员工的工资和福利，提供安全且舒适的工作环境和未来的发展空间，同时要加强对员工的关怀及情感上的联系。

③提高组织效率或经营绩效，不断获取新的竞争优势。组织效率或经营绩效与员工有着直接的联系。加强人力资源管理的目标就是通过提升员工技能、规范员工行为以及鼓励创新等方式改进员工的绩效，从而提高组织效率或经营绩效。

④塑造良好的企业形象。企业形象是指人们通过企业的各种标识和行为的认知，而建立起来的对企业的总体印象。企业形象是企业精神文化的一种外在表现形式。企业形象一旦建立，通常具有长期性、固化性。

⑤培育和创造优秀的组织文化。组织文化由组织价值观、信念、仪式、标识、行为准则等组成。企业员工受组织文化的影响，同时也能反作用于组织文化。例如，高层管理人员的综合素质、行为举止要与组织文化保持相对的一致，这样才能使文化得以传播与发展；否则，组织文化会在高层管理人员的影响下慢慢发生变化，并演变成新的组织文化类型。全体员工认可组织文化本身的精髓，文化才能发展，否则，组织文化可能会发生变化，要么员工改变了文化，要么组织文化导致人员流失、运营艰难、企业倒闭。因此，优秀的组织文化对员工产生的是积极向上的正面影响，而不合理的组织文化对组织产生的是负面影响，有时甚至是致命的影响。

四、人力资源管理的原则

人力资源管理的最终目的是要做到人尽其才，才尽其用，人事相宜，最大限度地发挥人力资源的作用，以配合实现组织的总目标。如何实现人力资源的科学合理配置，是人力资源管理长期以来亟待解决的一个重要问题。本书认为企业人力资源配置须遵循以下原则。

①能级对应原则。合理的人力资源配置应使人力资源的整体功能加强，这就要求人的能力与岗位要求相对应。企业岗位有层次和种类之分，处于不同的能级水平。每个岗位也都要求员工具有相应水平的能力，在纵向上处于相应的

能级位置。

②权变原则。人的发展受先天素质的影响，更受后天实践的制约。人后天形成的能力不仅与本人的努力程度有关，也与实践的环境有关，且个体呈现出的情感、行为及素质也是多变的。因此，人的能力的发展是不平衡的，其个性也是多样化的。每个人都有自己的长处和短处，有其总体的能级水准，同时也有自己的专业特长及工作爱好。在实践中，管理者要把握好权变的原则。

③动态调整原则。动态调整原则是指当人员或岗位要求发生变化的时候，管理者要适时地对人员配备进行调整，以保证始终使合适的人工作在合适的岗位上。岗位或岗位要求是在不断变化的，人也是在不断变化的，人对岗位的适应也有一个认识与实践的过程。在实践中，由于种种原因，能级不对应，用非所长等情形时常发生。

④普选人才原则。现在企业的竞争，已不再是一国之内的同行竞争，许多国际巨头并不排斥引入必要的外部人才。当确实需要从外部招聘人才时，企业就不能"画地为牢"，局限于小范围内。

五、人力资源管理的发展历程

（一）人力资源管理在西方的产生与发展

对人力资源管理在西方的产生与发展，不同的学者划分出了不同的阶段。结合不同学者的划分方法，本书认为可以将人力资源管理在西方的产生与发展划分为六个阶段。

1. 萌芽阶段

人力资源管理的前身被称为人事管理，人事管理是伴随着 18 世纪后期的工业革命而产生的。工业革命有三大特征：机器设备的发展，人与机器的联系，需要雇用大量人员的工厂的建立。这场革命导致了两个现象：一是劳动专业化的提高；二是工人生产能力的提高，使得工厂生产的产品剧增。在这一时期，劳动分工成为工业革命强有力的呼声。由于劳动分工思想的提出，个体劳动在工厂中消失，工人的协同劳动成为主体，因此对工人的管理问题就逐渐凸显出来。这一阶段，在工人的管理方面产生了各种朴素的管理思想，例如，在劳动分工的基础上对每个工人的工作职责进行界定，实行具有激励性的工资制度，推行员工福利制度，对工人的工作业绩进行考核，等等。这些管理思想基本上以经验为主，并没有形成科学的理论，但是奠定了人力资源管理的雏形。

2. 初步建立阶段

人力资源管理的初步建立阶段，即科学管理时代，时间大致从 20 世纪初至 1930 年。科学管理思想的出现宣告了管理时代的到来，管理从经验阶段步入科学阶段，这在管理思想发展史上有着划时代的意义。在泰勒提出科学管理思想一段时间后，企业中开始出现人事部门，该部门负责企业员工的雇用、挑选和安置工作，这标志着人力资源管理的初步建立。

3. 反省阶段

人力资源管理的反省阶段，即人际关系时代，时间大致从 20 世纪 30 年代到第二次世界大战结束。从 1924 年开始到 1932 年结束的霍桑实验引发了人们对科学管理思想的反思，将员工视为"经济人"的假设受到了现实的挑战。霍桑试验发现了人际关系在提高劳动生产率中的重要性，揭示了对人性的尊重、人的需要的满足、人与人的相互作用以及人的归属意识等对工作绩效的影响。人际关系理论开创了管理中重视"人"的因素的时代，是西方管理思想发展史上的一个里程碑。这一理论同时也开创了人力资源管理发展的新阶段，设置专门的培训主管、强调对员工的关心和理解以及增强员工和管理者之间的沟通等人事管理的新方法被很多企业采用，人事管理人员负责设计和实施这些方案，人事管理的职能得到了极大丰富。

4. 发展阶段

人力资源管理的发展阶段，即行为科学时代，从 20 世纪 50 年代到 20 世纪 70 年代。从 20 世纪 50 年代开始，人际关系的人事管理方法逐渐受到挑战，"愉快的工人是生产率高的工人"的假说并没有得到事实的证明，组织行为学的方法逐渐兴起。组织行为学是一个研究领域，它探讨个体、群体以及结构对组织内部行为的影响，目的是应用这些知识改善组织绩效。组织行为学的发展使人事管理对个体的研究与管理扩展到了对群体和组织的整体研究和管理，人力资源管理也从监督制裁到人性激发、从消极惩罚到积极激励、从专制领导到民主领导、从"唯我独尊"到意见沟通、从权力控制到感情投资，并努力寻求人与工作的结合。"人力资源管理"逐渐成为一个流行的名词。

5. 整合阶段

人力资源管理的整合阶段，即权变管理时代，从 20 世纪 70 年代到 20 世纪 80 年代。在这一阶段，企业的经营环境发生了巨大的变化，各种不确定性因素增加，企业管理不仅要考虑自身的因素，还要考虑外部各种因素的影响。

在这种背景下，权变管理理论应运而生，它强调管理的方法和技术要随企业内外环境的变化而变化，应当综合运用各种管理理论而不只是某一种。在这种理论的影响下，人力资源管理也发生了深刻的变化，同样强调针对不同的情况采取不同的管理方式、实施不同的管理措施。

6. 战略阶段

人力资源管理的战略阶段，即战略管理时代，从 20 世纪 80 年代至今。进入 20 世纪 80 年代以后，西方经济发展过程中的一个突出现象就是兼并。为了适应兼并发展的需要，企业必须制定出明确的发展战略，因而战略管理逐渐成为企业管理的重点。而人力资源管理对企业战略的实现有着重要的支持作用，所以从战略的角度思考人力资源管理的问题，将其纳入企业战略的范畴已成为人力资源管理的主要特点和发展趋势。

（二）人力资源管理在我国的产生与发展

1. 古代人事管理的思想

中华文化源远流长，在我国古代文化典籍之中蕴藏着丰富的人事管理的思想，古人对于有关人才的重要性、如何选拔人才、如何用好人才等有过精辟的论述。

有关人才的重要性，唐太宗有言"为政之要，惟在得人"。

有关如何选拔人才，东汉王符指出"德不称其任，其祸必酷；能不称其位，其殃必大"，强调人员的品行和能力必须与其职位相符，否则会带来严重的后果。

有关如何用好人才，诸葛亮曾说过"古之善将者，养人如养己子，有难则以身先之；有功则以身后之；伤者，泣而抚之；死者，哀而葬之；饥者，舍食而食之；寒者，解衣而衣之；智者，礼而录之；勇者，赏而劝之。将能如此，所向必捷矣"。

2. 我国近代人事管理的概况

鸦片战争之后，中国逐步沦为半殖民地半封建社会，这时的人事管理具有以下两个基本特点。一是带有浓厚的封建色彩，企业大多是家族性质的小型私人企业。许多企业实行包工制度，将工作包给包工头，然后由包工头招收工人，组织生产，进行监督，发放工资。二是学习引进西方资本主义国家的科学管理方法。一些规模较大的企业学习引进了泰勒科学管理的方法，对人员进行比较规范的管理。

3. 中华人民共和国成立以来人力资源管理的发展

中华人民共和国成立以来，我国人力资源管理的发展可分为两大阶段：改革开放前和改革开放后。随着社会主义改造的完成，我国建立起了社会主义制度，同时也确定了计划经济的经济体制，企业是国家所有，企业员工是企业的主人。与经济体制相适应，我国实行了"统包统配"的就业制度，企业没有用人的自主权，不能自行招聘所需的人员；人员只进不出，没有形成正常的退出机制；同时在企业内部，对于工人的工作没有考核，工资分配中存在着严重的平均主义，与工作业绩和工作岗位没有任何关系，人事管理还停留在简单的档案管理和资料统计阶段，与现代的人力资源管理相差甚远。

党的十一届三中全会以来，特别是改革开放以后，随着我国经济体制改革的不断深入，国有企业的劳动人事工作也在不断进步。1979年，国务院颁布了《关于扩大国营工业企业经营管理自主权的若干规定》（以下简称《规定》），重新规定了企业人事管理的职责权限范围。《规定》指出：允许企业根据生产需要和精简高效的原则决定自己的机构设置和人员配备；有权根据国家下达的劳动指标招工，进行岗前培训；有权对成绩优异、贡献突出的员工给予奖励；有权对严重违反劳动纪律的员工给予处分，直至辞退。

1988年9月，"国际劳工组织亚洲人力资源开发网、中国人力资源开发研究中心成立暨首届学术研究会"在贵阳召开，这标志着我国人力资源管理理论研究的开始。此后，人力资源开发丛书编委会、光明日报社等单位又举行了人力资源开发理论研讨会，对人力资源管理的基本概念、基本思想进行了探讨，人力资源管理理论在我国开始传播。1992年，中国人民大学劳动人事学院将下属的人事管理教研室改名为人力资源管理教研室，将人事管理专业调整为人力资源管理专业，并且在1993年招收了首届人力资源管理的本科生，这在我国人力资源管理发展过程中具有里程碑的意义，标志着我国人力资源管理的发展进入了专业化的阶段。1995年以后，随着MBA（工商管理硕士）教育的推广，人力资源管理在社会上逐渐得到普及。目前，全国已有几百多所高校开设了人力资源管理专业，人力资源管理的培养也从本科扩大到硕士研究生与博士研究生。所有这些，都为人力资源管理在我国的发展进行了理论和人才准备。

目前，人力资源管理在我国可以说是机遇与挑战并存，需要人力资源管理的理论工作者和实际工作者共同努力，积极探讨，以不断提高我国人力资源管理的理论和实践水平。

第三节　人力资源管理的理论基础

一、需求层次理论

需求层次理论又名马斯洛需求层次理论（图 1-1）。著名心理学家马斯洛在《马斯洛人本哲学》一书中把需求分成生理需求、安全需求、社会需求、尊重需求和自我实现需求五类，由低到高依次排列。他认为，这五种不同层次的需要都潜藏在人们的行为举止中，依据个体在不同时期对各种需求的迫切程度，所呈现出来的形式会有差异。往往最迫切的需要才是触发个体某种行动的主要原因和动力。同时，人的满足感是层层向内不断传递的，需求层次具有可替代性。低层次的需要得到基本满足以后，它的激励作用就呈现出递减趋势，其优势地位将不复存在。

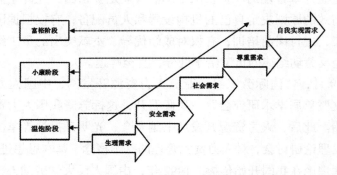

图 1-1　马斯洛需求层次理论

马斯洛需求层次理论的积极性在于，它是建立在人本主义心理学的范式基础上，与人类需求发展的一般规律相契合。但是，正因为人本主义存在的局限性，使得需求理论具有自我为中心的倾向性，在划分各种需求分类的标准以及满足程度界线上趋于模糊，导致需求归类存在重叠。

虽然马斯洛需求层次存在一些片面之处，但不可否认，将需求层次理论运用到员工培训需求中也是有指导意义的。企业从员工的需求出发组织培训学习，员工则通过所学获得技能的提升，从而达到增加个人收益的作用，以此达成满足更高层次的需求目的。当员工的某种基础需求得到满足以后，员工才会去追求更高层次的需求，而企业正是通过制定培训来激励员工不断激发主动性去获得需求上的满足。员工的需求各有差异，因此企业需要从多种方式来制定满足员工需求目的的培训方案。

二、人力资本理论

人力资本理论起源于经济学研究的分支。20世纪60年代，在《对人进行投资》一书中，西奥多·舒尔茨的研究表明，物质资本是指物质形态上的资本，包括固定投入资产和其他有价证券等；而人力资本是指凝聚在劳动者本身的知识、技能及其所表现出来的劳动能力，具有不随产品的出卖而转移的特点。他对前人一直推崇的"劳动力无资本"的狭隘传统理论提出了大胆质疑，并明确提出了人力资本是"当今时代促进国民经济增长的主要原因"。与此同时，人力资本理论创始人加里·贝克尔在《人力资本理论》书中指出，人力资本是一种人格化的资本，表现为人的能力与素质，与人本身不可分离；人通过自身努力程度来体现个人的人力资本生产率，其价值是由人力资本的各项开支所构成的。因此，对人力资本进行投资（如培训），会产生长期回报，有助于业绩的增长。

站在企业角度，虽然培训需要花费大量人力、财力和物力，是个复杂的过程，但是不能简单地将其看成是一种消费，要正视它所产生的极大经济效益。现今，培训在企业管理中的地位越来越受重视，企业中的员工并不是过去意义上的"企业成本"，而是一种"潜力股"，员工可以通过培训获得综合素质的提高，企业也能通过这些能适应和满足生产经营需要的员工达到持续、稳定的发展。

三、人力资源开发理论

人力资源开发是企业为了促进员工个人成长，提高个人整体素质，从而实现企业发展战略所组织员工参加的一系列学习活动。通常认为，人力资源开发是综合性的一门理论，它集合了学习理论、系统理论、绩效理论和经济学理论四种基础性理论。

作为人力资源开发研究先行之躯的美国，从第二次世界大战结束以后，很多美国学者就意识到对劳动力进行培训是提高知识和技能的重要途径。1970年，从首次提出人力资源开发概念开始，美国学者就不断对人力资源开发领域进行研究。

最开始，学习理论关注的重点是个体的学习行为。为了满足组织发展的需要，伴随人力资源开发领域的不断推进深入，人们对该理论重要性的认识也在不断加强，关注层面就不仅仅局限于个人而是扩展到整个集体。因此，设计和实施学习活动就需要从满足组织发展需要的角度出发，如此就产生了组织学习理论。建立学习型组织不但能适应变化，还能不断持续更新，创造开拓的组织。

进入 20 世纪 80 年代以来，学习理论不断受到系统理论的影响。该理论认为系统之间应该是相互依存、彼此影响的，各个部分应该为了系统的总体目标而群策献计。将系统理论应用于人力资源开发，就不能单纯将员工看成独立的个体，而应将其视为整个组织中的一部分，其活动的目的就是为了实现组织的战略目标。

为了不断满足组织的目标，人力资源开发理论也在不断地深入发展研究。20 世纪 80 年代后期，斯旺森在《绩效分析与改进》一书中首次将绩效概念引入人力资源开发中，他认为人力资源开发是员工不断提升个人能力来提高组织绩效的过程。这一重大理论的出现，将原本以"学习"为中心的人力资源开发转变为了以"绩效"为中心，认为人力资源开发必须为实现组织目标作出贡献，要围绕组织的绩效要求开展工作。

在人力资本理论中，人被看作是一项重要资源，能为组织创造经济价值。而在有限的资源中，要将经济利益发挥到极致，就必须准确计算出该资源的投入以及产出。利用经济学原理可以有效论证出投入的合理性，从而指导人力资源开发活动。这就是人力资源开发领域的经济学研究。

综上所述，人力资源开发是一门不断适应社会发展的学科。人力资源开发理论也是在各科理论的不断延伸发展中逐步建立完善的。在实践中，人力资源管理若以扎实的基础理论作为员工培训工作的指导，可以大大提高企业的效率。

第四节　人力资源管理的影响因素

20 世纪末，世界经济环境发生了重大变革：经济全球化步伐日益加快，区域经济一体化趋势显著，跨国公司对世界经济的影响不断增强，科学技术突飞猛进，企业竞争日趋激烈……这种变革不仅使企业处于一个更加激烈的竞争环境中，也使人力资源管理面临着巨大挑战。人力资源管理工作如何支持企业战略目标的实现，如何保证企业在快速变化的环境中不断发展并具有持续的竞争优势，这成为企业人力资源管理面临的新问题。具体来说，人力资源管理主要面临以下因素的影响。

一、经济全球化

日益加快的经济全球化进程正在深刻地改变着世界经济的面貌。经济全球化加剧了市场的竞争，市场的多变要求企业能迅速做出反应。企业为了生存和发展，需要不断根据市场的变化调整组织目标和经营战略，人力资源战略能否适应组织战略的变化，成为组织目标能否实现的关键。

经济全球化导致物质资源、资本甚至人力资源在世界范围内重新优化配置，跨国公司日益成为推进全球性生产要素重新配置与地区产业结构调整的重要角色。

经济全球化加快了人力资源在不同产业、不同职业、不同国家和地区间的流动，大大改变了劳动力市场的面貌。经济全球化还促使企业间并购与重组在更广的范围内产生。并购与重组对人力资源管理产生了巨大影响。人事部门需要根据组织目标和经营战略的调整对组织进行重新设计，对人力资源进行重新配置。

经济全球化还给人力资源管理工作带来了许多新问题。对于跨国公司来说，地域上的分散以及法律和价值观的差异，都对人力资源管理提出了挑战。人力资源管理专业人员必须学会应对各种就业法律以及语言、文化、价值观方面的差异问题。

二、技术创新速度加快

当今，一场新科学技术革命正在世界范围内蓬勃发展，一批以现代科学为基础的高新技术日益崛起。这场新技术革命发展之迅猛、影响之深远，超过以往任何一次科技革命。在技术的高速发展过程中，人力资源的作用是任何其他资源无法替代的。

随着新技术革命引发的世界性的产业升级，产业梯度转移的浪潮席卷全球，企业已逐渐从产品经营转向资本经营，从技术经营转向智力经营，企业竞争的重点也已从物质资本与市场转向人力资本。人与由其形成的人力资源成为企业振兴和发展的关键因素。

三、人力资源短缺与全球性人才争夺

经济全球化加剧了市场竞争，使人力资源成为全球争夺的焦点。特别是随着新科学技术革命的到来，世界各国面临的一个共同问题是高科技人才严重短缺。这已成为世界各国特别是发展中国家的普遍现象，如得不到根本解决，将严重阻碍本国经济发展，影响其国际竞争力。因此，世界各国都把争夺人才尤其是高科技人才置于重要的战略地位。1998年，麦肯锡公司就预测"全球将爆发人才大战"。2000年，全球性的人才大战达到白热化程度，跨国公司凭借其

优厚的待遇和巨大的发展空间吸引着世界上的优秀人才。各国政府也辅之推出一系列政策，如德国通过了给予非欧盟国家引进技术人才的"绿卡"规定，新加坡宣布引进高科技人才不受指标限制。

第五节　人力资源管理的发展趋势

由于现代科学技术的运用和社会经济的快速发展，人力资源与知识资本成为企业核心竞争力的重要组成部分，人力资源的价值则成为企业整体竞争力的标志。从长远来看，人力资源管理的发展存在七大趋势。

一、管理重心转向对知识型员工的管理

未来人力资源管理发展的显著趋势是对知识型员工的管理。知识型员工具有以下四个特点。

①知识型员工拥有知识资本，在组织中具有很强的独立性和较高的流动性。这导致知识型员工成为市场竞争的稀缺资源，是企业争夺的主要对象。知识型员工具有的高流动性风险，在客观上要求人力资源管理做出符合知识型员工工作性质的制度安排，为企业留住人才。

②动态工作职场。知识型员工的工作，多为脑力劳动和创新性工作，办公室、生产车间不再是知识型员工工作必需的场所。这就要求人力资源管理在管理制度中设计符合动态工作职场的管理规则，满足对知识型员工管理的需求。

③工作过程难以直接监控，工作成果也较难衡量。知识型员工工作过程难以用固定的办公场所来约束、管理，工作创新的成果也难以在短期内衡量、评价。这就要求人力资源管理充分考虑知识创造价值的本质特点，设计有激励性、正面引导的价值评价体系，鼓励学习和创新，调动知识型员工的创新意识、成就动机和工作热情等。

④需求结构和报酬体系新要求。对于知识型员工，工作报酬不再仅是生活层面的需求，更多是个人价值与社会身份的象征，其中更多来自对工作本身的满足，如成就感、知识产权的确认、赏识、责任、荣誉等精神层面的一揽子差异化激励。这要求人力资源管理能依据知识型员工的素质水平、需求结构设计符合需求层次与结构的报酬体系，这也是人力资源管理适应知识经济发展的要求。

二、人力资源管理的全球化、信息化

组织和资源的全球化，必然要求人力资源管理的全球化，这主要表现在三个方面。

①人才流动的国际化。经济的全球化必然带来商业组织的跨地域、跨国界经营与发展。国际化的人才交流市场成为一种重要形式，与此相适应的便是企业要以全球的视野来看待人才的流动，进而合理招聘和选拔人才。

②跨文化的人力资源管理将成为重要内容。随着经济全球化的推进，人才本土化，母公司与海外分公司进行企业文化的磨合，帮助海外分公司构建有效的人力资源管理系统，采取有效的方法调动海外分公司员工的工作积极性、提高他们的工作效率等，将是人力资源管理者所要解决的新问题。

③人才网成为重要的人才市场形式。企业要利用国际互联网的网络资源和交流平台，设计适应国际化、网络化的人力资源管理新体系，为客户提供人力资源的信息增值服务。全球化也会在很大程度上促使企业变革组织的结构、调整组织的制度。

三、人力资源管理的服务性

随着知识经济的发展和知识型员工比例的不断提升，人力资源管理必然要适应管理对象素质提升和结构变化的特点，由行政权力转向服务支持。人力资源管理不仅服务于企业的整体战略，而且要持续提供面向员工的人力资源产品服务。企业要通过让员工满意的服务来吸引、留住、激励、开发所需要的人才。人力资源的服务主要包括：建立共同愿景，将企业的目标与员工的期望结合在一起；提供持续的人力资源开发与培训，提高员工的个人资本价值；通过提供富有竞争力的薪酬体系及价值分享系统来满足员工的多元化需求；让员工参与管理，授予员工自主工作的权利与责任；建立支持与求助系统，为员工完成个人目标与工作目标提供条件。

四、人力资源管理的人本化

人力资源管理的思想发生了根本转变，由过去的"以事为中心"变为"以人为中心"，对员工实行人本管理。人本管理是指把"人"作为管理活动的核心和组织最重要的人力资源，把组织全体成员作为管理的主体，围绕如何充分利用和开发组织的人力资源，服务于组织内外的利益相关者，从而同时实现组织目标和组织成员目标的管理理论和管理实践活动的总称。人本管理的核心价值观是以人为本，即尊重人，关心人，激发人的热情，以满足人的需要为终极目标，充分尊重员工的期望与自我发展，鼓励员工参与组织的管理活动。人力资源管理部门围绕开发员工能力、调动员工积极性、提高员工满意度来开展各项工作，改变过去那种对员工重管理、轻开发的思想，逐步变为以开发人力资本为中心，以实现人力资本的最大增值。

五、企业文化成为人力资源管理的核心

管理追求的最高境界是文化管理，人力资源管理追求的最高境界也是文化管理。企业文化在企业人力资源管理中的地位将越来越重要。未来人力资源管理的一个明显转变就是特别重视文化管理的影响，重视对文化的形成、保持和培育。人力资源管理者可以从具体工作开始引进新文化，包括人员调动、员工培训、绩效评估与激励、沟通等。企业文化的核心是全体员工共有的价值观念，并使之融合在人力资源管理活动中，直至企业文化和精神深入每一个员工心中。深入员工内心世界的企业文化，能有效地规范和引导员工的行为，增强广大员工对组织的凝聚力，使组织整体目标和个人目标趋于一致。这可以有三种做法：自上而下的改变、自下而上的改变、过程再造的改变。

六、人力资源管理职能外包

近几年，随着全球经济一体化进程的加快，专门为企业提供招聘、培训和绩效考核的人力资源管理服务型公司大量涌现，这表明人力资源管理已有外包的需求。人力资源管理职能外包是指将组织的人力资源管理活动委托给组织外的公司承担，以便使组织有更多的精力去专注人力资源核心业务的处理。人力资源管理职能外包的内容主要包括招聘、培训、薪酬和福利等方案的设计及具体实施。

七、建立学习型组织的趋势将进一步得到加强

学习型组织是通过有效地组织学习，使全体员工能全身心地投入并持续增长学习力，进而激发企业未来的能量和潜力以保持竞争优势和适应能力的组织形态。企业只有通过持续有效的学习，才能获得生存和发展的机会；只有不断学习，才有创新。人力资源管理部门必须将建立和完善学习型组织作为其工作的重要领域，有效组织员工系统学习，培养员工的系统学习观，整合员工个人的持续学习能力，推动组织的发展与创新。

第二章　人力资源的管理模式

本章内容是人力资源的管理模式，主要从以下六方面进行了介绍：招聘与配置、培训与开发、绩效管理、薪酬管理、员工关系管理和国际人力资源管理。

第一节　招聘与配置

一、人力资源招聘概述

（一）人力资源招聘的概念

人力资源招聘是建立在两项工作基础之上的：一是组织的人力资源规划；二是工作分析。人力资源规划确定了组织招聘职位的类型和数量，而工作分析使管理者了解什么样的人应该被招聘进来填补这些空缺。这两项工作使招聘能够建立在比较科学的基础之上。人力资源招聘，简称招聘，是"招募"与"聘用"的总称，是指在总体发展战略规划的指导下，根据人力资源规划和工作分析确定的人员数量与质量要求，制订相应的职位空缺计划，并通过信息发布和科学甄选，获得所需合格人员并填补职位空缺的过程。

（二）人力资源招聘的意义

人力资源招聘在人力资源管理中占据十分重要的位置，它的意义具体表现在以下几个方面。

1. 招聘是组织补充人力资源的基本途径

组织的人力资源状况处于变化之中，组织内人力资源向社会的流动、组织内部的人事变动（如升迁、降职、退休、解雇、死亡、离职等）等多种因素，导致了组织人员的变动。同时，组织有自己的发展目标与规划，组织成长过程也是人力资源拥有量的扩张过程。上述情况意味着组织的人力资源总是处于稀

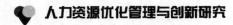

缺状态的，需要经常补充。因此，通过市场获取所需人力资源成为组织的一项经常性任务，人力资源招聘也就成了组织补充人员的基本途径。

2. 招聘有助于创造组织的竞争优势

现在的市场竞争归根到底是人才的竞争。一个组织拥有什么样的人力资源，在一定意义上就决定了它在激烈的市场竞争中处于何种地位——是立于不败之地，还是被淘汰。而对人才的获取是通过人才招聘这一环节来实现的。因此，招聘工作能否有效地完成，对提高组织的竞争力、绩效及实现发展目标，均有至关重要的影响。从这个角度说，人力资源招聘是组织创造竞争优势的基础环节。对于获取某些实现组织发展目标急需的紧缺人才来说，招聘更具有特殊的意义。

3. 招聘有助于组织形象的传播

研究结果显示，招聘过程的质量会明显地影响应聘者对组织的看法。许多经验表明，人力资源招聘既是吸引、招募人才的过程，又是向外界宣传组织形象、扩大组织影响力和知名度的一个窗口。应聘者可以通过招聘过程来了解组织的组织结构、经营理念、管理特色、组织文化等。尽管人力资源招聘不是以组织形象传播为目的的，但招聘过程客观上具有这样的功能，这是组织不可忽视的一个方面。

4. 招聘有助于组织文化的建设

招聘过程中信息传递的真实与否，直接影响着应聘者进入组织以后的流动性。有效的招聘既能使组织得到所需人员，也能为人员的保持打下基础，有助于减少由于人员流动过于频繁而给组织带来的损失，并有助于营造组织内的良好气氛，如增强组织的凝聚力，提高士气，增强人员对组织的忠诚度等。

（三）人力资源招聘的影响因素

招聘活动的实施往往受到多种因素的影响，为了保证招聘工作的效果，在规划招聘活动之前，人力资源工作者应对这些因素进行综合分析。归纳起来，影响招聘活动的因素主要有外部影响因素和内部影响因素两大类。

1. 外部影响因素

①法律法规。国家和地方的有关法律、法规和政策，是约束组织招聘行为的重要因素，从客观上界定了组织招聘活动的外部边界。例如，西方国家法律规定，组织的招聘信息中不能涉及性别、种族和年龄的特殊规定，除非证明这些是职位所必需的。我国在人力资源方面的法律体系尚不健全。1994 年通过的

《中华人民共和国劳动法》（简称《劳动法》）是我国劳动立法史上的一个里程碑。此外，我国还颁布了一些与招聘有关的法律、法规、条例、规定和政策，包括《女职工禁忌劳动范围的规定》《就业服务与就业管理规定》《未成年工特殊保护规定》等。

②劳动力市场。由于招聘特别是外部招聘，主要是在外部劳动力市场进行的，因此市场的供求状况会影响招聘的效果。当劳动力市场的供给小于需求时，组织吸引人员就会比较困难；相反，当劳动力市场的供给大于需求时，组织吸引人员就会比较容易。在分析外部劳动力市场的影响时，一般要针对具体的职位层次或职位类别来进行，如当技术工人的市场比较紧俏时，组织招聘这类人员就比较困难，往往要投入大量的人力和物力。

③竞争对手。在招聘活动中，竞争对手也是非常重要的一个影响因素。应聘者倾向哪个组织往往是在进行比较之后才做出决策的，如果组织的招聘政策和竞争对手存在差距，那么就会影响组织的吸引力，从而降低招聘的效果。因此，在招聘过程中，取得对竞争对手的比较优势是非常重要的。

2. 内部影响因素

①职位性质。空缺职位的性质决定了招聘什么样的人以及到哪个相关劳动力市场进行招聘，因此它是整个招聘过程的灵魂。另外，还可以让应聘者了解该职位的基本情况和任职资格，便于应聘者进行求职决策。

②组织形象。一般来说，组织在社会中的形象越好，越有利于招聘活动。良好的组织形象会对应聘者产生积极的影响，引起其对组织空缺职位的兴趣，从而有助于提高招聘的效果。一些形象良好的企业，往往是大学生毕业后择业的首选。而组织的形象又取决于多种因素，如组织的发展趋势、薪酬待遇、工作机会及组织文化等。

③招聘预算。由于招聘活动必须支出一定的资金，因此组织的招聘预算对招聘活动有着重要的影响。充足的招聘资金可以使组织选择更多的招聘方法，扩大招聘的范围，如可以花大量的费用来进行广告宣传，选择的媒体也可以是影响力比较大的；相反，有限的招聘资金会使组织进行招聘时的选择大大减少，这会对招聘效果产生不利的影响。

④招聘政策。组织的相关政策对招聘活动有直接的影响，组织在进行招聘时一般有内部招聘和外部招聘两个渠道，至于选择哪个渠道来填补空缺职位，往往取决于组织的政策。有些组织可能倾向于外部招聘，而有些组织则倾向于内部招聘。在外部招聘中，组织的政策也会影响到招聘渠道的选择，有些组织愿意在学校进行招聘，而有些组织更愿意在社会上进行招聘。

二、人力资源招聘过程管理

（一）制订招聘计划

1.选择招聘渠道

确定招聘渠道是招聘计划的一项重要内容，它将影响到其他内容的确定。

（1）好的招聘渠道应具备的特征

如何选择一个好的招聘渠道一直是困扰人事经理的问题之一。那么，什么样的招聘渠道才是好的呢？本书认为，一个好的招聘渠道应该具备三个特征。

①招聘渠道的选择能够达到招聘的要求。

②在招聘到合适人员的情况下，该招聘渠道所花费的成本较低。

③选择的招聘渠道符合现实情况，具有可操作性。

（2）招聘渠道的种类与特点

招聘渠道按照招聘人员的来源可分为内部招聘和外部招聘。内部招聘就是当公司出现空缺的职位时，主要通过提拔内部员工来解决；外部招聘则主要是吸收外部新鲜血液来解决招聘问题。外部招聘渠道很多，在我国劳动力市场上，普遍运用的六种渠道是网络招聘、猎头公司、校园招聘、内部推荐、人事外包和新媒体渠道。在企业实际招聘过程中，人力资源工作者一般会考虑采用多种渠道招聘员工。不同的招聘渠道有各自的优缺点，在实际操作中企业可根据公司的岗位特点有所偏重地采用相应的渠道。

①三大内部招聘渠道。

a.公开招聘。公开招聘面向全体员工，有利于为积极上进、希望全面发展的有志员工提供发展平台，同时也有利于宣扬重视人才的企业文化。此渠道的操作难点是要重视公正、公开、公平。

b.内部选拔。内部选拔面向部分员工，有利于企业提拔已经培养成熟的人员，使员工感受到企业的关怀，更重要的是体现绩效考核的力量。此渠道的操作难点是提拔人员是否确实工作努力、为企业作出了贡献，且有志于为企业奉献。

c.横向调动、岗位轮换。横向调动、岗位轮换面向部分员工，有利于员工适应多个岗位，是培养管理人员的一个渠道，同时有利于员工减轻对现有岗位的疲倦感。此渠道的操作难点是人力资源部是否建立岗位互换机制，调动和轮换的岗位是否具有相似性，能否减少员工适应岗位的时间和企业投资成本。

②六大外部招聘渠道。

a. 网络招聘。网络招聘是近几年来新兴的招聘方式，目前主要有两种类型：由人才交流公司或中介机构完成网上招聘、企业直接进行网上招聘。网络招聘在实际应用中表现出了三大特点：一是成本较低廉，据专业人士介绍，一次招聘会的费用可以做两个月的网络招聘；二是网络本身是一层屏障，通过网络的应聘者一般在计算机操作、网络知识，甚至英语上都具备一定的水平；三是网上的招聘广告不受时空限制，时效强，招聘信息还可以发布到海外。同时值得一提的是，这种渠道对于招聘 IT 行业人才有着很好的效果，这也与 IT 人员经常使用网络的特点密切相关。

b. 猎头公司。猎头公司是职业中介机构中比较特殊的一种，通过这一渠道招聘的多是企业的中高层职位。通过猎头公司招募的人员特点是工作经验比较丰富、在管理或专业技能上有着特殊之处，在行业中和相应职位上是比较难得的人才。这个渠道在公司招聘中也存在一定的需求，因为企业的中高层岗位一般都有现职人员，在物色到更佳的替换对象前，调整决定尚掌握在企业领导层面，不适宜通过媒体大张旗鼓地进行公开招聘，且不影响现职人员的工作积极性；另外，能够胜任这些岗位的候选人也多已"名花有主"，薪水、地位相当有保障，不会轻易跳槽，即便有换单位的意向，也较倾向于私下进行，不愿在去向未定之前让领导、同事知道，他们投寄应聘材料和参加招聘会的可能性不大，所以猎头公司能在职位需求和个人需求之间进行平衡。但人才猎取需要付出较高的招聘成本，企业一般是委托猎头公司的专业人员进行，费用原则上是被猎取人才年薪的 30%。猎头公司在北京、上海和沿海地区较为普遍。并且，现在的猎头公司已经不仅是瞄准高级特殊人才，也为企业提供高、中、初各种层次的服务。

c. 校园招聘。招聘应届生和暑期临时工可以在校园直接进行。校园招聘方式主要有张贴招聘海报、举办招聘讲座和学生办推荐三种。

从个体差异来看，校园招聘的应聘者普遍是年轻人，他们学历较高，工作经验少，可塑性强。这类员工进入工作岗位后能较快地熟悉业务、进入状态，所以这个招聘渠道一般适用于招聘专业职位或专项技术岗位人员。如果招聘企业重在员工知识结构的更新和人力资源的长期开发，则校园招聘是首选。当然，校园招聘的应聘者由于缺乏工作经验，企业在将来的岗位培训上成本较高，且不少学生由于刚步入社会，对自身定位还不清楚，工作的流动性也可能较大。校园招聘的目的一是寻找并筛选优秀的候选人，这也是最重要的目的；二是将他们吸引到企业工作。

d. 内部推荐。内部推荐也是企业招募新员工的渠道之一，在现实生活中也很常见，对招聘专业人才比较有效。内部推荐的优点是招聘成本小，应聘人员素质高、可靠性高，新员工进入企业后离职率低、工作满意度较高、工作绩效较好。

这类应聘者多数是企业内部员工熟知的亲人或朋友，所以他们对企业内部信息和岗位要求也有比较清楚准确的认识。另外，企业内部员工对被推荐者较为熟悉，会根据岗位的要求考虑他们是否具备相应的条件；被推荐者进入企业后可能更快地融入企业内部关系网络，得到更多的帮助和指导，从而在短时间内工作可能会有较好的表现。但采用该渠道时也应注意一些负面影响。一些企业内部员工也许纯粹想为朋友、亲人争取一个获取职位的机会而没有考虑被推荐人是否合格，更有甚者则是有些中高层领导为了培植个人在公司的势力，在企业重要岗位安排自己的亲信，形成小团体，这会影响企业正常的组织架构和运作。

e. 人事外包。外包，英文直译为"外部资源"，指企业整合利用其外部最优秀的专业化资源，达到降低成本、提高效率、充分发挥自身核心竞争力和增强企业对环境的应变能力的一种管理模式。

人事外包的好处有规避风险、减少纠纷、降低营运成本、节省人事专员的时间、提高工作效率等。在一个企业里，要健全人力资源部门就要配备各种专业的人力资源工作人员，如"薪资管理专员""招聘专员""培训专员"等，代价相对来说是相当大的。出于成本较高的考虑，国内很多企业都没有这样的配备，尤其是一部分中小型企业。从性价比的角度来讲，它们没有必要在中小规模的企业中设置这样多的人员，于是就把这一块管理外包给专业的人力资源机构。专业的人力资源机构相对来说比企业自己做得更加完备，企业借助了更多专业的内容来完善自身人力资源的不足，从而节约资源，创造出最大价值。

除此之外，人事外包还可以较客观获知劳动力市场的普遍薪酬行情，为企业进行薪酬管理提供科学的依据，为企业吸引、留住和激励人才打下坚实的基础。企业根据实际需求，进行人事外包，不但可以及时引进先进的人事管理方式、规避政策风险、提高员工满意度，而且可以节省大量事务性工作的人力、资金和时间。

f. 新媒体渠道。近年来，随着网络技术、社交平台的快速发展，招聘渠道已经逐渐由传统方式走向个性化与多样化，特别是在电商、互联网等高新技术领域，新媒体渠道是运用比较多的一种招聘渠道。新媒体渠道，近年常见的有朋友圈、公众号、微博、网络直播平台、社交网络平台（包括职业社交网络、娱乐社交网络、移动社交网络、位置社交网络、垂直社交网络、社会化问答社区、企业级社交网络等），另外还有网猎（网络悬赏）、电视媒体求职 PK、地铁及公交车内的移动电视终端、高级写字楼及高级居民楼电梯口的液晶广告显示屏等。据报道，某知名外企在哔哩哔哩网站（Bilibili，简称 B 站，是一个直播弹幕式网站）上直播招聘，在半个小时内，有将近 5000 人进入直播间。虽然人数不算很多，但还是能看出这种新媒体的招聘方式更受年轻的人才的青睐。这种方式覆盖的人群大，而且比起去学校跑校园招聘，成本更低；借助弹幕的方式还可以线上答复实习工资、招聘岗位、任职要求、企业介绍等各方面的问题。在招聘实践中，企业不能局限于采用单一渠道，而应考虑各种渠道的特点，灵活使用，来自不同招募渠道的应聘者适用于企业的不同岗位，在招聘过程中宜根据需要有所偏重。

（3）内外部招聘的利弊

①内部招聘优劣势分析。

a. 内部招聘的优点。选人时间较为充裕，了解全面，能做到用人所长、避其所短。所招聘的人员对组织情况较为熟悉，了解与适应工作过程会大大缩短，上任后能很快进入角色。内部提升给每个人带来希望，有利于鼓舞员工士气，提高员工工作热情，调动其积极性，激发其上进心。

b. 内部招聘的缺点。内部招聘容易造成"近亲繁殖"。老员工多有思维定式，不利于创新，而创新是组织发展的动力。内部招聘还容易在组织内部形成错综复杂的关系网，任人唯亲，拉帮结派，给公平、合理、科学的管理带来困难。

②外部招聘优劣势分析。

a. 外部招聘的优点。可选对象的来源广泛，选择空间大。特别是在组织初创和快速发展时期，更需要从外部大量招聘各类员工。外部招聘可以避免"近亲繁殖"，给组织带来新鲜空气和活力，有利于组织创新和管理革新。此外，由于员工新近加入组织，与其他人没有个人恩怨，在工作中可以很少顾忌复杂的人情关系。同时，外部招聘多明确要求应聘者有一定的学历和工作经验，从而可以节省在培训方面所耗费的时间和费用。

b. 外部招聘的缺点。外部招聘常难以准确判断员工的实际工作能力，且容易造成对内部员工的打击。

2. 制订招聘计划

（1）招聘计划的内容

一般而言，招聘计划包括九项内容。

①人员需求清单，包括招聘的职务名称、人数、任职资格要求等内容。

②招聘信息发布的时间和渠道。

③招聘小组人选，包括小组人员姓名、职务、各自的职责。

④应聘者的考核方案，包括考核的场所、大体时间、题目设计者姓名等。

⑤招聘的截止日期。

⑥新员工的上岗时间。

⑦招聘费用预算，包括资料费、广告费、人才交流会费用等。

⑧招聘工作时间表，应尽可能详细，以便于他人配合。

⑨招聘广告样稿。

（2）制订招聘计划的步骤和方法

①招聘需求分析。招聘需求分析的常规操作流程如下。

a.用人部门提出需求。

b.人力资源工作者了解职位信息（岗位背景信息）。

c.人力资源工作者访谈任职者及相关者（上级、任职者、内部供应商等）。

d.人力资源工作者和职位上级沟通。

e.人力资源工作者分析市场人才供给情况。

f.人力资源工作者编制文件，发布职位信息。

②招聘费用预算。

③招聘计划的制订。招聘计划的制订，一方面能保证企业的招聘工作有的放矢、有条不紊；另一方面也是应聘人员了解企业录用员工要求的重要信息来源。招聘计划常用招聘计划表来呈现，招聘计划表通常应注意以下三方面内容。

a.对拟聘的岗位和条件要做出充分说明，便于应聘人员选择是否竞聘。特别是聘用条件，应当详细具体。

b.时间安排既要有利于企业的运作，也要方便候选人来应聘。

c.通常要选择与招聘录用岗位相关的部门来参与招聘考核工作。

（二）发布招聘广告

1.招聘广告的主要内容

传统的招聘广告主要包括以下内容。

①本企业的基本情况。

②是否经过有关方面的批准。

③招聘人员的基本条件。

④报名的方式。

⑤报名的时间、地点。

⑥报名需带的证件、材料。

⑦其他注意事项。

2. 招聘广告的设计原则

①客观准确。招聘信息是人才资源需求的客观反映，必须忠实地反映企业人力资源需求的基本情况，反映现状和发展趋势。企业在招聘信息上不能做出无法遵守的承诺来误导应聘者，对于晋升机会、挑战、责任等要诚实列出，给人以可信度，树立以诚待人的企业形象。那些言过其实、夸大其词、别有用心的广告，一旦被人识破，企业便会声名狼藉，只会得到饮鸩止渴的恶果。

②引人注意。设计招聘广告要能抓住受众的注意力，促使其深入阅读。"注意"是增强广告效果的首要因素，是人的认识心理活动过程的一个特征，是人对认识事物的指向和集中。招聘广告要想使人理解、领会、形成记忆，不应自作聪明。文字要简洁、易读，要避免使人眼花缭乱，不愿细看。标题要反复推敲，而且要运用突出的字体，激发受众细读广告的兴趣，深入理解广告内容。

③内容详细。招聘广告必备的内容不可缺少，比如企业情况、岗位情况等。

④条件清楚。招聘广告的信息具体化、鲜明化有助于增强求职者的信心和决心。目前我国的招聘广告很少直接提及工作报酬、福利等条件，而这些条件恰巧是招聘广告的核心。许多求职者对工资待遇都非常关注，而大多数招聘广告在这个问题上含糊其词。其后果是，一方面许多优秀人才不知道可能获得多少报酬而不愿意应聘；另一方面许多求职者一旦了解企业真实报酬后就不愿意被录用，同时浪费了企业和应聘者的时间、精力和金钱。

（三）人员甄选

1. 筛选求职简历及求职申请表

简历，是求职者对自身工作经历、教育背景、知识技能等的总结。它既是个人经历的写照，也是个人的自我宣传广告。通常情况下，用人单位在发布招聘信息后，会收到大量的求职简历。对于一些比较受求职者欢迎的用人单位来说，每年收到的简历数以万计。招聘人员面对大量简历，在较短的时间内挑选出合适的应聘者进入下一轮测试，对于有效的招聘来说有着决定性意义。

在现实招聘中，简历筛选是一个主观性较强、难以把握的环节。个人简历给了求职者比较大的自由发挥空间，允许求职者充分展示各项特征和能力。这种由求职者自己制作的、用于自我宣传的个人简历，可能会掺杂大量的冗余信息，甚至是虚假信息；有时可能故意忽略一些对求职者本人不利而用人单位需要知道的信息。不管求职简历的形式如何变化，一般的简历所包含的内容不外乎以下几个方面：求职者个人基本信息（如求职者姓名、性别、年龄、学历、毕业院校、所学专业、个人身体特征等）；受教育经历（如上学经历和培训经历等）；相关技能（求职者掌握的相关技能以及获得的各种证书，如英语、计算机、普通话等）；工作经历（如曾经从事过的工作，对于应届毕业生来说则是个人从事的兼职和社会实践活动等）；自我评价（如个人自身的特长、个性、兴趣爱好、职业规划、求职动机等）。面对成百上千份经过巧妙修饰的简历，招聘人员若善于运用筛选简历的技巧，将大大提高简历筛选的效率。

（1）优先考虑"硬性指标"

不同的岗位有不同的用人要求。有些岗位对硬性指标有非常严格的要求，有些岗位则对硬性指标的要求不是很严格。

①对性别的要求，如前台通常要求为女性。

②对学历和专业的要求，如研发人员多要求本专业。

③对工作经验的要求，如管理岗位多要求拥有若干年经验。

④对年龄的要求，如酒店服务生多是二十几岁的年轻人。

如果所聘岗位对某些硬性指标的要求很严格，则招聘人员在筛选简历时首先应该关注这些硬性指标，如果硬性指标不符合职位要求则可以把该简历直接筛掉。

（2）警惕"含糊"信息

求职者在撰写简历时常常会隐藏一些不利信息，夸大一些有利信息，而达到此目的常用技巧之一就是运用含糊字眼。

①水平含糊。例如，一位大学毕业生的简历中有这样的描述："具有较强的英文听说读写能力。"用这种含糊的表达方式来描述自己的技能水平，可以推测该名学生在大学期间或许没有通过英语最基本的四级考试。

②教育经历含糊。学历一般是非常硬性的指标，但有些求职者可能会做一些处理。例如，一位自考的大学毕业生，对受教育类型不做说明，从简历中的受教育时间看很容易被误认为统招统分的毕业生。因此，用人单位在制作求职申请表时最好特别注明"受教育类型"。

③时间含糊。例如，有一份简历是这样写的："1999 年—2003 年，xxx 大学管理学院；2004 年—2006 年，xxx 有限公司。"如果从年份上看，一般人看不出什么问题，但这里的时间跨度可能很大。如果这个人于 2003 年 7 月大学毕业，2004 年 7 月就职，中间就会有一年的空档。仅从年份上看，中间甚至

可以产生近两年的空档，如 2003 年 1 月到 2004 年 12 月。所以，用人单位在制作求职申请表时，最好要求求职者对时间的描述要具体到月份。

（3）分析"逻辑性"

招聘人员在审查简历时，要关注简历中有关信息的逻辑性，如简历中的描述是否符合逻辑、是否符合应聘者的真实身份、是否有互相矛盾的地方等。简历中出现的逻辑错误通常有以下五种。

①不合逻辑。例如，一位求职者在描述自己的工作经历时，列举了一些知名企业和一些高级职位，而他所应聘的却只是一个普通职位，这种不合常情的事情就需引起注意。

②不合身份。例如，一位应届毕业生的求职简历中，有关社会实践的部分有以下兼职描述："在 xxx 公司，负责人员招聘工作。"类似这样的表述明显不符合求职者的身份，一个公司会让一位做兼职的大学生负责人员招聘工作，让人怀疑。

③前后矛盾。例如，笔者曾经筛选过的一份简历中有以下信息——"出生年月：1985 年 8 月；学历：中专；教育经历：1997 年 9 月进入 xxx 中专；工作经历：2001 年进入 xxx 公司"。这份简历存在明显矛盾的地方。从时间推算，这位求职者应该是 12 岁进入中专学习，16 岁进入一家公司工作。按照现在的教育制度，12 岁应该正在念小学，就算读书早一点，也应该在读初中，不可能读中专，后来经过证实，这份简历的信息是虚假的。

④时间不连贯。例如，求职者的简历存在如下信息——"1999 年 9 月—2003 年 7 月，武汉 xxx 大学本科；2002 年 6 月—2004 年 8 月，广东 xxx 公司"。从简历上看，学习和工作地点在两个不同的地方，大学四年的时间有一年不在学校。后来经过证实，发现该名求职者获得的学位是通过函授得到的。

⑤自我评价与事实不符。招聘人员可主要查看求职者自我评价是否适度、是否属实、是否与工作经历中的描述一致。例如，一位求职者在自我评价中自称"细致耐心"，可在简历中却存在多处错别字。

（4）关注"匹配性"

求职者的个人基本情况与应聘岗位、企业的发展状况是否匹配，是招聘人员审查简历时必须考虑的问题。这里的"匹配"既包括求职者能力、个性与所应聘岗位的匹配，也包括其他方面的匹配。

①专业匹配。有些岗位需要考虑求职者过去所从事专业与应聘岗位的匹配度，这个匹配度一般可以通过三个方面来考察：求职者所学专业与应聘岗位的专业对口程度；求职者过去在相同或相似岗位上工作的时间长短；求职者曾经

接受过的培训与应聘岗位的符合程度。

②工作背景匹配。招聘人员需考虑求职者曾经工作公司的大致背景与应聘公司的背景是否相似，如所在行业是否一致、面对的下属是否相似等。这一点对于中高层管理者来说尤为重要。

③工作地点匹配。招聘人员要考虑求职者期望的工作地点与应聘职位是否一致。

④期望薪资匹配。招聘人员要考虑求职者的期望薪资与应聘职位的薪资水平是否一致。

⑤稳定性匹配。招聘人员要考虑求职者的就职稳定性与应聘岗位是否一致。求职者的就职稳定性可以通过考察求职者在总的工作时间内跳槽或转岗的频率来进行推算。如果求职者在短时间内频繁跳槽和换岗，应聘职位又要求相对稳定，则要多加考虑。

（5）巧用电话审查简历

招聘人员在审查简历时，有时可借助电话审查简历。借用电话筛选简历主要适用于两种情况。

①初次筛选时模棱两可的简历。有些简历在初次筛选时，有个别情况不符合要求，招聘人员难以下定决心，这时可借助电话帮助筛选。例如，如果一位求职者各方面情况与所应聘岗位非常匹配，但是其期望的工作地点与应聘职位所要求的工作地点有冲突，这时可考虑通过电话来确定原因，帮助筛选。

②招聘职位有语言表达能力要求。对于对语言表达能力要求很高的工作岗位，如产品宣讲员，则可以结合电话来进行初步审查。

以上几招可以使招聘人员高效地对简历进行初步筛选，以确定是否向用人部门推荐，并且提醒面试官在面试中需要注意的信息。总之，有效筛选简历是做好招聘工作的第一步，招聘工作者只有做好简历筛选工作，才有可能高效地做好招聘工作。

2. 面试

（1）面试的分类

面试分为个人面试、集体面试等类型。

①个人面试。个人面试又称单独面试，指主考官与应聘者单独面谈的面试，是面试中最常见的一种形式。个人面试分为一对一的面试与主试团的面试。一对一的面试适用于规模小的机构。主试团（多对一）的面试适用于较大机构。

②集体面试。集体面试主要用于考察应试者的人际沟通能力、洞察与把握环境的能力、组织领导能力等。在集体面试中，通常要求应试者做小组讨论，

相互协作解决某一问题；或者让应试者轮流担任领导主持会议、发表演说等。无领导小组讨论是最常见的一种集体面试法。集体面试常使用现场技能测验或考试，如速记、表演、推销等。

③综合面试。综合面试是以上两种方式的综合，由主考官通过多种方式综合考察应试者多方面的才能。综合面试常事先定题，自由交谈。

④渐进式面试。人太多时，初次面试可以了解应聘者的个人背景、谈吐与应对能力，然后视职位高低，进行二次面试以及三、四次面试。一般来讲，渐进式面试分为五个阶段：简历筛选、笔试、初次面试、高级经理面试和最后的录取通知。

（2）面试的内容及主要问题

虽然从理论上讲，面试可以测评应试者几乎任何一种素质，但在招聘实践中，招聘单位一般并不以面试去测评应聘者所有的素质，而是有选择地用面试去测评最易测评的内容。面试考察的素质主要涉及以下方面。

①仪表风度。仪表风度是指面试者的体型、外貌、气色、衣着、举止、精神状态等。国家公务员、教师、公关人员、部门经理等职位，对仪表风度的要求比较高。研究表明，仪表端庄、衣着整洁、举止文明的人，一般做事有规律，注意自我约束，责任心强。

②专业知识。在此部分面试官主要了解面试者掌握专业知识的深度和广度，确定其专业知识是否符合所要录用职位的要求，以此作为专业知识笔试的补充。面试对专业知识的考察更具灵活性和深度，所提问题也更接近空缺岗位对专业知识的需求。

③工作实践经验。面试官一般根据应试者个人简历和求职登记表的情况，提出相关的问题，查询应试者有关背景及过去工作的情况，以补充、证实其所具有的实践经验。通过对其工作经历与实践经验的了解，考察应试者的责任感、主动性、思维灵敏度、口头表达能力及应变能力等。

④口头表达能力。口头表达能力主要考察应聘者是否能将自己的思想、观点、意见和建议顺畅地用语言表达出来。考察的具体内容包括表达的逻辑性、准确性、感染力、音质、音量、音调等。

⑤综合分析能力。综合分析能力主要考察应试者是否能对主考官所提出的问题通过分析抓住本质，并且说理透彻、分析全面、条理清晰。

⑥反应能力和应变能力。反应能力和应变能力主要考察应试者对主考官所提的问题理解得是否准确贴切，回答得是否迅速，对于突发问题的反应是否机智敏捷、回答恰当，对于意外事项的处理是否得当，等等。

⑦人际交往能力。人际交往能力的考察主要通过询问应试者经常参与哪些社会活动，希望同哪些类型的人打交道，在各种社交场合扮演哪种角色，来了解应试者的人际交往倾向和与人相处的技巧。

⑧自我控制能力和情绪稳定性。自我控制能力对于国家公务员及许多其他类型的工作人员（如企业的管理人员）显得尤为重要。情绪稳定的人在遇到上级批评指责、工作压力或个人利益受到冲击时，能够克制、容忍、理智地对待，不致因情绪波动而影响工作；对待工作也常常是更有耐心和韧性。

⑨工作态度。招聘人员要了解应试者对学习、工作的态度，以及对所应聘职位的态度。在学习或工作中态度不认真，对做什么、做好做坏无所谓的人，在新的工作岗位上也很难勤勤恳恳、认真负责。

⑩上进心、进取心。上进心、进取心强的人，一般都有事业上的奋斗目标，并为之积极努力，具体表现在会努力把现有工作做好、不安于现状、工作中常有创新。

⑪求职动机。招聘人员应了解应聘者为何希望来本单位工作、对哪类工作最感兴趣、在工作中追求什么，从而可判断本单位所能提供的职位和工作条件能否满足应聘者对工作的要求和期望。

⑫业余兴趣与爱好。招聘人员可以从应聘者休闲时间爱从事哪些运动、喜欢阅读哪些书籍、喜欢什么样的电视节目、有什么样的嗜好等问题，来了解其兴趣与爱好，这对录用后的工作安排非常有用处。

（3）面试的流程

当人力资源部门对应聘人员资料进行梳理、分类，并交给各主管经理后，招聘流程就进入对应聘人员进行初步筛选的阶段。随后各主管经理或人力资源部确定面试人选，并由人力资源部通知面试人员。接下来就是面试的组织阶段，通过初次面试的人员，还要进行复试，最终挑选出企业所需要的人员。

3. 人员素质测评

（1）胜任特征

胜任特征指高效完成岗位职责所需具备的能力集合。胜任特征主要包括以下几个层面。

①知识——掌握某一职业领域需要的知识（如人力资源管理的专业知识）。

②技能——掌握和运用专门技术的能力（如英语读写能力、计算机操作能力）。

③社会角色——个体对社会规范的认知与理解（如想成为工作团队中的领导）。

④自我认知——对自己身份的知觉和评价（如认为自己是某一领域的权威）。

⑤特质——某人所具有的特征或其典型的行为方式（如喜欢冒险）。

⑥动机——决定外显行为的内在稳定的想法或念头（如想获得权力、喜欢追求名誉）。

（2）胜任特征模型

员工个体所具有的胜任特征有很多，但企业所需要的胜任特征员工不一定全部满足。企业会根据岗位的要求以及组织的环境，明确能够保证员工胜任该岗位工作、确保其发挥最大潜能的胜任特征，并以此为标准来对员工进行挑选。这就要运用胜任特征模型分析法提炼出能够对员工的工作有较强预测性的胜任特征，即员工最佳胜任特征能力。胜任特征模型分析法主要分析以下内容。

①个人的胜任力：个人能做什么和为什么这么做。

②岗位工作要求：个人在工作中被期望做什么。

③组织环境：个人在组织管理中可以做什么。

交集部分是员工最有效的工作行为或潜能发挥的最佳领域。

胜任特征模型构建的基本原理是，通过辨别优秀员工与一般员工在知识、技能、社会角色、自我认知、特质、动机等方面的差异，收集和分析数据，并对数据进行科学整合，从而建立某岗位工作胜任特征模型构架，并产生相应可操作性的人力资源管理体系。建立胜任特征模型的步骤可分为五步。

①定义绩效标准。绩效标准一般采用工作分析和专家小组讨论的办法来确定。在进行工作分析时，采用工作分析的各种工具与方法，明确工作的具体要求，提炼出鉴别工作优秀的员工与工作一般的员工的标准（如销售量、利润、管理风格、客户满意度）；专家小组讨论则是由优秀的领导者、人力资源管理层和研究人员组成专家小组，就岗位任务、责任和绩效标准以及期望表现的胜任特征行为和特点进行讨论，以得出最终的结论。如果客观绩效指标不容易获得或经费不允许，一个简单的方法就是采用"上级提名"。这种由上级领导直接给出工作绩效标准的方法虽然较为主观，但对于优秀的领导层来说，其也是一种简便可行的方法。企业应根据自身的规模、目标、资源等条件选择合适的绩效标准定义方法。

②选取分析效标样本。根据岗位要求，在从事该岗位工作的员工中，分别从绩效优秀和绩效普通的员工中随机抽取一定数量的员工进行调查。

③获取数据资料。获取效标样本有关胜任特征的数据资料，可以采用行为事件访谈法、专家小组法、问卷调查法、全方位评价法、专家系统数据库和观察法等，但一般以行为事件访谈法为主。行为事件访谈法是一种开放式的行为回顾式调查技术，类似于绩效考核中的关键事件法。它要求被访谈者列出在管理工作中发生的关键事例，包括成功事件、不成功事件或负面事件各三项，并且让被访谈者详尽地描述整个事件的起因、过程、结果、时间、相关人物、涉及的范围以及影响层面等。同时也要求被访谈者描述自己当时的想法或感想，如是什么原因使被访谈者产生类似的想法以及被访谈者如何达成自己的目标等。在行为事件访谈结束时，最好让被访谈者总结一下事件成功或不成功的原因。行为事件访谈一般采用问卷和面谈相结合的方式。访谈者会有一个提问的提纲，以把握面谈的方向与节奏；并且访谈者事先不知道被访谈者属于优秀组或一般组，避免先入为主。访谈者在访谈时应尽量让被访谈者用自己的话详尽地描述自己成功或失败的工作经历，自己是如何做的、感想如何等。由于访谈的时间较长，一般需要1～3小时，所以访谈者在征得被访谈者同意后可采用录音设备把内容记录下来，以便整理出详尽的、有统一格式的访谈报告。

④建立胜任特征模型。在分析数据信息（访谈结果编码、调查问卷分析）的基础上建立胜任特征模型。首先，通过行为访谈报告提炼胜任特征，对行为事件访谈报告进行内容分析，记录各种胜任特征在报告中出现的频次。其次，对优秀组和普通组的要素指标发生频次和相关的程度统计指标进行比较，找出两组的共性与差异。最后，根据不同的主题进行特征归类，并根据频次的集中程度，估计各类特征组的大致权重。

⑤验证胜任特征模型。采用问卷调查、评价中心、专家评议组等方式，验证胜任特征模型。

4. 人员录用决策

（1）人员录用的原则

为实现用人之所长、学用一致、有效利用人力资源的目的，人员录用必须遵循四个原则。

①因事择人原则。因事择人就是以事业的需要、岗位的空缺为出发点，根据岗位对任职者的资格要求来选择人员。它要求组织应根据工作的需要来招聘员工，应严格按照人力资源规划的供需计划来吸纳每一名员工，人员配置切莫出自部门领导或人力资源部门领导的个人需要，也不能借工作需要来达到个人的某种目的。只有这样，才能实现事得其人、人适其事，使人与事科学地结合起来。

②任人唯贤原则。任人唯贤，强调用人要出于"公心"，以事业为重，而不是以自己的"小圈子"为重、以"宗派"为重，只有这样才能做到大贤大用、小贤小用、不贤不用。能否做到任人唯贤，是衡量管理人员是否称职的标准之一。在人员的安排使用过程中，管理人员要克服错误心态，避免用人失误。当然，任人唯贤原则，还需要有其他条件来配套，如要求部门领导明确每一个工作岗位的责任、义务和要求，学会鉴别人才，掌握基本的人才测试、选拔的方法，懂得什么样的岗位安排什么样的人员。只有管理者对所任用的员工了如指掌，并能及时发现人才，才能使每个人都充分施展才能。

③用人不疑原则。用人不疑原则要求管理者对员工要给予充分的信任与尊重。如果对部下怀有疑虑，不如不用。既然要用，就一定要明确授权，大胆使用，使其充分发挥才干。事实上，试用期员工与正式员工在使用上并无本质差异，关键是管理者能不能给他们充分的信任与权利，大胆放手让他们在岗位上发挥自己的才能。

④严爱相济原则。员工在试用期期间，管理者必须为其制订工作标准与绩效目标，对其进行必要的考核，考核可从能力及能力的提高、工作成绩、行为模式及行为模式的改进等方面进行。管理者对试用期员工在生活上应当给予更多的关怀，尽可能地帮助员工解决后顾之忧；在工作上要帮助员工取得进步，用情感吸引他们留在组织中；同时，从法律上保证员工享受应有的权利。这些对员工是否愿意积极努力、长期稳定地为组织工作是非常有利的。

（2）员工录用的实施流程

经公司人力资源部确认的录用人员，通知其报到，提示需要携带材料。新员工应先到人力资源部报到，按照员工入职手续清单规定办理有关手续，签订劳动合同。同时，人力资源部应按照规定对新进人员进行入职教育，使其了解公司各项规章制度、企业文化等内容。

第二节 培训与开发

一、培训与开发概述

（一）培训、开发与学习型组织建设

培训是指一个组织出于自身发展的需要，为方便组织成员学习和掌握与工作有关的知识和技能，促使他们形成良好的工作态度或习惯而采取的一种有计

划的培养和训练活动。培训的基本目的在于让组织成员掌握培训计划所强调的知识、技能和行为，并且将这些知识、技能和行为应用到日常工作活动之中。

与培训密切相关的另一个概念是开发，也称员工开发或员工发展。开发侧重的是帮助员工做好满足未来工作需要的准备，关注的是组织和员工的发展。而培训侧重的是事项，组织更多希望通过培训达成一种目的。两者内涵有交叉的同时各有侧重。

培训的类型有很多，仅从培训对象来区分，培训就可以划分为许多类型，如新员工培训就是专门针对刚刚入职的新进员工所进行的培训。再比如，组织可以分别举行面向管理人员、专业技术人员以及操作人员的培训；其中面向管理人员的培训有时称为管理技能开发，又可以细分为高层管理人员培训、中层管理人员培训、基层主管人员培训等。另外，根据受训员工在接受培训期间是否脱离工作岗位，培训可以划分为在职培训和脱产培训。此外，根据培训的内容，培训可以划分为知识培训、技能培训以及文化价值观培训。至于各种不同内容的主题培训，比如多元化培训、冲突管理培训、商务谈判培训、时间管理培训、会计准则培训、劳动合同法培训等，更是数不胜数。从传统情况来看，培训所关注的内容大部分是员工的基本技能，即员工完成本职工作所需要的技能。然而，随着知识经济时代的来临，越来越多的工作要求员工具备一定的知识综合运用能力，这就要求员工必须能够分享知识，创造性地运用知识来改进产品或向客户提供服务，同时更好地理解产品的开发系统或服务。在这种情况下，组织要想通过培训赢得竞争优势，就必须将培训视为创造智力资本的一种途径，将其作为不断提高员工的基本技能、高级技能，加深员工对客户或生产系统的理解，激发员工的创造性的一种战略性活动。正因为如此，近年来，培训所关注的重点正在从教会员工掌握某项具体的技能转向一种更广泛的目标，即知识的创造和分享。这种视野更为开阔的培训称为"高阶培训"。高阶培训是一种将培训与组织的战略性经营目标联系在一起的培训管理实践，通常能够得到组织高层管理人员的支持。高阶培训有助于营造持续学习的工作环境，有利于推动员工了解所处的整个工作系统，包括目前所从事的工作、所在部门内部的关系以及公司的各种内部关系。这种培训显然有助于组织最终发展成学习型组织。

学习型组织是指组织成员总是在努力不断地学习新东西，并且将所学到的新东西持续不断地运用于组织所提供的产品或服务质量的改善上的组织。学习型组织是一种在学习能力、适应能力以及变革能力等方面不断强化的组织。在这种组织中，培训的每一个过程都是经过深思熟虑并且与组织目标紧密联系在一起的，培训被视为帮助组织创造智力资本而设计的整个系统中的重要组成部分。学习型组织强调学习不仅发生在员工个人层面，还发生在某一员工群体以及整个组织层面，这样，组织就能够将学到的东西保留下来，即使组织成员（甚至部门）已经不复存在，他们的知识也仍然能够留在组织之中。

（二）培训对组织的作用

在现代市场环境中，培训活动对于企业赢得竞争优势和保持长期可持续发展都有至关重要的作用，这些作用主要表现在三个方面。

1. 培训有助于改善组织绩效，帮助组织赢得竞争优势

进入 21 世纪以来，知识经济迅猛发展，全球竞争愈演愈烈，企业所面临的经营环境日益复杂，各种新知识、新技术、新观点层出不穷，与客户、产品以及技术有关的信息量也越来越大。任何一个企业在未来得以维持竞争优势的一个重要条件是必须比竞争对手学习得更快，因为只有这样，才能快速掌握新的知识和技术，并将这些知识和技术运用到客户服务过程之中，从而不断提高整个组织的劳动生产率，确保持续为客户提供质量优良的产品和服务。在这种情况下，对于与生产率、客户服务、创新等有关的组织目标实现来说，培训就具有战略意义。有效的培训一方面能够帮助员工迅速学习工作所需要的各种新技术和新方法，另一方面有助于加深员工对组织战略、经营目标以及工作标准的理解，有利于帮助员工更新现有的知识、技能、观念和工作态度，提升员工个人的工作绩效，从而进一步改善组织绩效。在开展全球化经营的企业中，培训还有助于增强员工对外国竞争对手及其文化的了解，从而为组织在国外市场上取得成功起到重要作用。

2. 培训有助于塑造良好的组织文化

良好的组织文化对员工会产生强大的凝聚、规范、引导、激励作用，因而对于组织的发展来说至关重要。组织文化的建设一方面有赖于组织的正式制度，尤其是组织的人力资源管理体系，另一方面也需要借助培训活动向员工不断传递和强化组织的价值观和文化。组织可以通过培训来宣传组织的伦理道德标准和对待利益相关者的基本准则，使员工更全面、深刻地理解组织的使命和愿景，认同组织的文化和价值观，不断更新观念，自觉与组织的要求保持一致。培训对组织文化建设的作用可以体现在很多方面。首先，对于新员工来说，培训是其尽快了解、认识并积极融入组织的一种重要手段。在新员工进入组织初期就让他们全面接纳和深入了解组织文化，对于他们在未来工作中的态度、行为以及绩效都有至关重要的影响。其次，培训可以确保员工掌握运用新技术完成工

作所必需的基本技能，同时增强组织及员工个人适应新市场、新技术、新工作的能力，形成良好的应变能力。这样就有助于员工具备为组织做出贡献的多种能力，而且有助于培养能够帮助组织形成竞争优势的团队文化。组织对培训高度重视这一做法本身就可以向员工传递这样一种信息，即组织重视创新、创造和学习，这是形成学习型组织的重要条件。

3. 培训是吸引、留住和激励员工的一种重要手段

进入 21 世纪以来，全球市场的人才争夺战日趋激烈，每一个组织都在想尽一切办法吸引和留住优秀人才，培训机会已经成为组织所提供的全面报酬体系中的一个重要组成部分。很多人已经意识到，培训对于自己在未来劳动力市场上的竞争至关重要，尤其是对于知识型员工来说，传统的吸引、保留和激励员工的手段已经远远不够，因为他们对自身能力的提升以及长期的职业生涯发展给予了更大的关注。在这种情况下，他们会根据组织是否为自己提供学习和提升的机会来选择到哪个组织工作，那些不提供培训机会的组织将无法吸引到高素质的员工。除了有利于吸引优秀人才加盟，充分的员工培训还有助于提高员工的职业安全感及工作满意度，使他们感受到组织对自己的重视和关心，从而增强对企业的认同感和归属感，更加投入地完成工作，进而达到更高的生产率，创造更高的绩效。

正是由于培训工作具有重要价值和意义，中国企业对培训工作的重视程度越来越高，资金和人力投入也逐年增加，不仅培训管理工作的专业化水平日益提高，很多企业甚至建立了自己的企业学习平台。

二、搭建培训体系

员工培训与开发是一项系统工程，精心设计和有效的员工培训与开发系统十分重要。企业培训是企业人力资源开发的手段，是从组织目标出发，基于岗位分析、企业人力资源现状分析，以及人力资源规划的部署，辅之以绩效管理、薪酬奖励、个人职业发展等手段而设计的一个旨在综合提升公司竞争力的体系。很多企业付出了资金成本，培训效果却不尽如人意，其中一个很重要的原因是企业尽管重视培训，但对培训工作缺乏总体的战略规划，培训管理的各个环节缺乏规范性，没有把培训与企业发展结合起来。也就是说，企业培训必须融入企业的整个经营管理活动，保持与企业经营管理活动的一致性，同时又自成体系，具有一定的规范性和系统性。企业培训的系统性主要体现在以下三个方面。

（一）培训必须以企业战略为导向

企业战略决定了企业核心竞争力的基本框架，从而明确了各个岗位的职能及其对任职者的能力素质要求。企业可以依此对人才素质现状进行诊断，预测对人力资源的需求，有针对性地进行人力资源的储备和开发。同时，企业必须了解当期工作的重点，对培训需求进行认真分析，对培训的内容、方法、师资、课程、经费、时间等有一个系统、科学的规划和安排，从而使培训方案既符合企业整体发展的需要，又满足企业目前的工作需要。成功的企业培训不能只看眼前的成本支出，还要重视远期的收益。企业培训必须与企业总体战略、经济目标、企业文化保持一致，要有计划、有步骤地进行，既要有长期战略，又要有近期目标，并制定切实可行的方针、制度，着力把人才培训当作长期的系统工作来抓，做到用培训去促进企业发展，用培训去引导企业发展。

（二）培训工作需要企业各方面的配合和支持

培训工作是企业整个经营管理活动的一部分，需要上至高层领导、下到普通员工的配合和支持，涉及各个部门。企业内部各部门都有自己的工作计划和工作任务，经常需要彼此配合和支持，培训部门的工作更是如此。培训计划的设计来自各部门对培训的需求，如果各部门无法提供准确的培训需求信息，培训计划就缺乏针对性。在培训实施过程中，参加培训的员工特别是脱产培训的员工，需要暂时停止正在从事的工作。在这种情况下，如果完全按照培训部门的计划进行，可能会影响到某部门工作的进度；而如果完全按照某部门的意见参加培训，可能又与其他部门的工作相冲突。因此，实施培训事先要与各部门做好沟通和协调，既不影响各部门的重点工作，又能保证整个企业培训计划有序地进行。在培训结束后，受训员工回到各自的工作岗位。培训成果更需要管理者为受训员工提供适当的机会，并进行督促和提供帮助，这样才能转化为实际的绩效。

因此，企业培训工作必须与企业经营管理的工作重点相一致，与企业各个部门做好沟通和协调，做到系统规划、统筹安排、集中管理。当然，良好的员工培训体系能得到贯彻落实，还依赖于企业健全的培训政策和完备的制度，特别是需要企业高层领导者的倡导和支持，需要培训师的艰苦努力，需要员工积极的配合和长期的系统训练。

（三）培训管理活动本身自成体系

企业培训管理除了要与整个企业的经营管理相结合外，还要充分考虑培训工作本身的特点和要求，以构建完整的培训管理体系。一般来讲，企业培训体系包括六部分。

①企业培训组织机构和人员的设置。多数企业的培训管理工作是由人力资源部门负责的，但随着企业的不断发展和壮大，企业的组织架构变得越来越复杂，这就需要对培训组织机构和人员进行重新设计和调整。大型企业可以考虑设立由公司高层管理人员和相关部门负责人组成的培训管理委员会，主要负责制定与公司发展相适应的人力资源开发战略和相关的培训政策与制度；由独立的培训部或培训中心负责具体的培训工作，制订具体的培训计划，开展培训运营和管理。

②培训管理制度建设。企业的培训战略和培训政策为企业培训指明了方向，但还需要通过具体的培训管理制度与措施使培训战略和培训政策具体化。培训管理制度就是把培训政策分解并形成制度化的条款，使培训管理工作内容和工作流程更加稳定和规范，从而保证培训的质量。企业培训制度一般包括岗前培训制度、培训考评制度、培训服务制度、培训奖惩制度等基本内容。

③培训流程体系建设。一项完整的培训是由一系列工作组成的，包括培训需求的分析、培训计划的制订、培训方案的实施和培训效果的评估，四个部分互相制约和影响，构成培训工作的流程体系。

④培训课程体系的建立。培训内容是根据公司长期发展战略和当前的工作重点进行设计和开发的，这些培训内容可以按照不同的业务内容、不同的管理层次、不同的培训对象等标准分成许多类别，形成培训课程体系。只有完善的培训课程体系才能满足企业和员工个人多层次、全方位的培训需求。

⑤培训师资体系建设。培训师的水平直接关系到培训质量，培训师可以从企业外部聘用，也可以从内部培养。目前，企业内部培训师的培养越来越受到重视。培训师资体系建设包括培训师的选拔、聘用、培养、考核和评估等内容。

⑥培训设施与设备的管理。企业培训的开展需要借助一定的物资。对有关培训设施与设备进行管理和维护，也是培训工作的一项内容。

建立和完善有效的培训体系，是当前许多企业培训工作的核心任务，也是培训系统性的必然要求。很多中小企业的培训管理工作一般由人力资源管理部门负责；还有一些企业单独成立培训管理部门，专门负责企业员工的培训；而培训发展程度较好的企业，甚至成立了企业学习平台，为企业的战略发展提供人才支撑。对大多数中小企业而言，要确保培训工作发挥效果，有专门负责培训的培训管理团队即可。在培训组织与实施的各个流程和环节中，培训管理团队合理分工，共同负责企业人才培训、培养工作的开展。

三、培训计划制订与实施

培训计划直接关系培训与开发活动的成败，是确定培训内容和方法、评估培训效果的主要依据。

（一）培训计划工作概述

1. 培训计划的概念

培训计划是按照一定的逻辑顺序排列的记录，它是从组织的战略出发，在全面、客观的培训需求分析基础上做出的对培训内容、培训时间、培训地点、培训者、培训对象、培训方式和培训费用等的预先系统设定。

2. 培训计划的类型

培训计划要着重考虑可操作性和效果。以时间跨度为标准，培训计划可以分为长期培训计划、中期培训计划和短期培训计划。

（1）长期培训计划

长期培训计划（3 年以上）必须明确培训的方向性，考虑组织的长远目标、个人的长远目标、外部环境发展趋势、目标与现实的差距、人力资源开发策略、培训策略、培训资源配置、培训资源的需求、培训内容的整合、培训行动步骤、培训效益预测、培训效果预测等因素。

（2）中期培训计划

中期培训计划（1～3 年）是长期计划的进一步细化，要明确培训中期需求、培训中期目标、培训策略、培训资源分配等因素。

（3）短期培训计划

从目前国内组织的培训实践来看，通常所说的培训计划大多是短期培训计划（1 年以下），更多的是某次或某项目的培训计划。

以上三种计划属于从属关系，从长期到短期培训计划其工作不断细化。

（二）培训计划的制订

1. 确立培训目的与目标

培训目标可以分为提高员工在企业中的角色意识、提高知识和技能水平、转变态度动机三类。培训目标可分为若干层次，从某一培训活动的总体目标到某个学科直至每堂课的具体目标，越往下越具体。

培训目标应当和组织长远目标相吻合，一次培训的目标不要太多，要从学习者的角度出发，明确说明预期课程结束后学员可以获得哪些知识、信息及能力。目标确立应符合 SMART 原则，即目标必须是具体的（Specific），可以衡量的（Measurable），可以达到的（Attainable），和其他目标具有相关性的（Relevant），具有明确的截止期限的（Time-based）。

2. 确定培训时间

培训时间主要包括培训时机和培训的持续时间。

（1）选择培训时机

企业可选择以下时间作为培训时机。

①新员工加盟时。

②新技术、新设备引进或生产工艺流程变更时。

③满足补救需要时（缺乏合格员工）。

（2）确定培训的持续时间

企业应根据以下因素确定培训的持续时间。

①培训内容。

②培训费用。

③学员素质。

④学员的工作与休闲时间的分配。

3. 确定培训场所与设施

确定培训场所与设施时必须注意以下问题。

①培训场所的多样化。

②判断培训场所与设施的基本要求，即舒适度与合适度。

③场所选择必须考虑各种细节。

4. 确定培训相关人员

培训相关人员包括培训部门领导人、培训管理人员以及培训师等。这里面有些角色是已经确定的，有些则是结合培训来确定的。

（1）培训部门领导人应具备的条件

①对培训工作富有热情，具有敬业精神。

②有培训与开发工作的实际经验。

③以身作则，对受训者和自己一视同仁。

④富有远见，能清楚地分析组织的培训要求，对人力资源发展有战略眼光。

⑤有良好的知识结构，特别是有培训与开发的专业知识。

⑥有良好的职业道德品质和身体状况。

（2）培训管理人员应具备的条件

①善于与人打交道。

②工作主动、积极。

③有任劳任怨的精神。

④有一定的组织管理能力。

（3）培训师应具备的条件

培训师是企业培训活动的关键因素之一，培训师的水平直接影响培训活动的实施效果，甚至可能会影响企业领导对人力资源部门和企业培训与开发工作的基本看法。培训师可以来自企业内部或外部。优秀的培训师需要具备以下素质和技能。

①态度。培训师应当喜欢培训工作，符合"3C"标准，即关心（Care）、创造性（Creativity）和勇气（Courage）。

②能力。培训师应当具备信息转化能力、良好的交流和沟通能力、一定的组织管理能力以及创新能力。

企业内部的培训讲师是企业培训师资队伍的主体，他们能有效传播企业真正需要的知识与技能，对企业有效经验和成果进行共享和复制；同时，选择优秀员工担任讲师，可以为员工职业生涯发展开辟更广阔的道路。所以，企业应注意对内部讲师的培养、激励以及制度建设问题。

5. 确定培训对象

一般而言，组织内有三种人员需要培训。

①可以改进目前工作的员工。培训可以使他们更加熟悉自己的工作，提升自己的技术。

②有能力而且组织要求他们掌握另一门技术的员工。培训的目的是将其安排到更重要更复杂的岗位上。

③有潜力的员工。经过培训让他们进入更高层的岗位。

培训对象确定后，最好能立即列出该对象的相关资料，如平均年资、教育背景、共同特质、曾参加过的培训等。

6. 确定培训内容与项目

培训内容应服务于培训目的与目标。培训的内容一定要科学，既要考虑系统性、适用性，也要考虑超前性，并根据不同的对象和不同的时间有所变化。

（1）确定培训内容与项目的依据

①以工作岗位标准为依据。

②以生产／服务质量标准为依据。

③以组织的发展目标为依据。

（2）确定培训内容与项目的分析方法

①任务分析法。

②缺陷分析法。

③技能分析法。

④目标分析法。

7. 确定培训方法

培训内容确定后，制订人员可以依据知识性课程、技能性课程、态度性课程等不同的课程，选择相适应的培训方法。培训方法主要包括课堂讲授法、研讨法、角色扮演法、游戏法、案例法、敏感性训练法、视听法、程序指导法、头脑风暴法、模拟法等。

8. 确定培训与开发预算

培训与开发预算是指在一段时间内（通常是 12 个月）培训与开发所需要的全部开支。培训与开发预算主要由五部分构成，包括培训场地及设施费、培训相关人员的食宿费、培训器材及教材费、培训相关人员工资，以及外聘教师讲课费及交通差旅费等。

培训与开发预算的确定主要有六种方法。

①比较预算法。预算人员可参考同行业平均培训预算与优秀企业培训预算，再结合本企业实际情况来确定培训与开发预算。

②比例确定法。预算人员可对某一基准值设定一定的比率来决定培训经费预算额。如根据企业全年产品的销售额或总经费预算的一定百分比来确定培训经费预算。

③人均预算法。预算人员可预先确定企业内部人均培训经费预算额，然后再乘以在职人员数量来确定总预算。

④推算法。预算人员可根据过去培训的使用额来推算，或与上一年度对比决定预算。

⑤需求预算法。预算人员可根据企业培训需求确定一定时限内必须开展的培训活动，分项计算经费，然后加总求和。

⑥费用总额法。企业划定人力资源部门全年费用总额后，再由人力资源部门自行分配预算。

（三）编制培训计划书

1. 培训计划书的概念

培训计划书是关于培训计划制定结果的一份文字总结，具体包括培训项目名称、培训目的、培训进度、培训内容、培训步骤、意外控制、注意事项、策划人、日期等内容。

2. 培训计划书的作用

①培训计划书可对整个项目做一个清晰的交代，同时充分陈述项目的意义、作用和预期效果，一定程度上明确并简化了培训程序。

②信息与分析结果高度浓缩的培训计划书可为高层领导的决策提供必要的依据和便利。

③培训计划书可预先帮助管理者加深对培训项目各个环节的了解，从而做到统筹规划。

3. 培训计划书的编写技巧

①项目名称要尽可能详细地写出。

②培训计划书上应写明培训计划者所属部门、职务、姓名。团队形式则应写明团队名称、负责人、成员姓名。

③培训计划的目的要尽可能简明扼要，突出核心要点。

④培训计划书的内容应在认真考虑受众的理解力和习惯的基础上详细说明，表现方式宜简单明了，可适当加入一些图表。

⑤培训计划书应详细阐述计划培训的预期效果与预测效果，并解释原因。

⑥培训计划书对计划中可能出现的问题要全部列明，不应回避，并阐述计划者的看法。

⑦培训计划书是以实施为前提编制的，通常会有很多注意事项，在编写时应将它们提出来供决策者参考。

（四）培训材料

培训材料指能够帮助受训者达成培训目标、满足培训需求的所有资料，具体包括课程描述、课程的具体计划、学员用书、课前阅读资料、教师教学资料包（视听材料、练习册、背景资料、电脑软件等）、小组活动的设计与说明、测试题目等。

（五）培训实施

1.明确培训学习的原则

（1）近期目标和长远战略相结合的原则

为了制订科学的、切实可行的培训计划，企业应该对人才需求进行预测，并且充分考虑到自身的生产经营特点、近期目标、长远规划，以及社会劳动力供求变化趋势等因素。企业要对培训的目标、方法、效益进行周密、细致的研究，并通过制订和执行培训计划，保持培训的制度化和连续性。企业还应建立培训效果的追踪检查方案，并根据生产经营的变化，随时对培训计划做出相应的调整。

（2）全员培训与重点提高相结合的原则

全员培训就是有计划、有步骤地对在职的所有员工进行培训，这是提高全体员工素质的必经之路。为了提高培训投入的回报率，培训必须有重点，即注重对企业兴衰有着重大影响的管理和技术骨干，特别是中高层管理人员的培训；再者，对有培养前途的梯队人员，也应该有计划地进行培训与开发。

在坚持全员培训与重点提高相结合的原则的同时，培训开展要注意因材施教，处理好学员共性和个性的关系。也就是说，培训要针对员工的不同文化水平、不同职务岗位、不同要求以及其他差异，区别对待。只有这样，才能最大限度地发挥培训的功能，使员工的才能在培训活动中得到培养和提高，并在生产经营中转化为绩效。

（3）知识技能培训与企业文化培训兼顾的原则

培训与开发的内容，除了文化知识、专业知识、专业技能外，还应包括理想、信念、价值观、道德观等方面的内容。而后者又要与企业目标、企业文化、企业制度、企业优良传统等结合起来，使员工在各方面都能够符合企业的要求。

（4）理论联系实际，学以致用的原则

员工培训应当有明确的针对性，一定要从本企业实际出发，从实际工作的需要出发，根据企业的实际需要组织培训，使培训与生产经营实际紧密结合，与职位特点紧密结合，与培训对象的年龄、知识结构、能力结构、思想状况紧密结合，目的在于通过培训让员工掌握必要的技能以完成规定的工作，最终为提高企业的效益服务。企业培训既不能片面强调学历教育，也不能片面追求立竿见影。

（5）培训效果的反馈与强化原则

培训效果的反馈与强化是不可缺少的重要环节。培训效果的反馈指的是在培训后对员工进行检验，其作用在于巩固员工学习的技能，及时纠正错误和偏差。反馈的信息越及时、准确，培训的效果就越好。强化则是指由于反馈而对接受培训人员进行的奖励或惩罚。其目的一方面是奖励接受培训并取得绩效的人员，另一方面是加强其他员工的相关意识，使培训效果得到进一步强化。

（6）培训活动的持久性原则

企业要充分认识到培训的持续作用。仅仅几次培训很难达到预期效果，也不符合人力资源发展规律，那种试图"一蹴而就"的做法是不可取的，时冷时热式的培训虽然可以在一定程度上取得效果，但长久来看会挫伤员工的积极性。

（7）培训活动的协调性

首先是时间上的协调。有的培训需要较长的时间，这就不可避免地与现有工作产生时间冲突，尤其是与员工私人时间的冲突。如果占用太多私人时间，员工参加培训时就会心不在焉，培训效果自然大打折扣。

其次是组织上的协调。有的培训很难把参加的人员组织好，诸如出差、工作忙、开会等因素都会影响培训的人员安排，这就需要培训部门和相关人员协调好，保证大家都有机会参加。

2. 合理选择培训的方法

员工培训的方法是指培训主体（通常是企业）为了实现培训目标而采取的作用于企业员工的各种方式、形式、手段和程序等的总和。它是实现企业员工培训目标的中介和桥梁，是整个员工培训系统的重要组成部分，是提高员工培训实效性的关键之一。企业对员工培训方法的综合把握和有效调试，对于提高员工培训的实效性有着重要意义。

（1）目前我国企业员工培训方法存在的问题

目前，我国企业员工的培训工作已经取得了一些成就，尤其是一些大企业的员工培训，已经具有相当高的水平。但是受传统观念的束缚，一些企业的员工培训方法在很多方面已经和时代不相吻合，主要存在着以下弊端。

①观念落后，认识不足。一些企业将员工培训看作单纯的投入，所以尽可能地减少培训人数和费用。这是一种典型的短视行为，只看到了短期的投入，而没有看到员工培训为企业长远发展所培养、积攒的人力资本。这种陈旧的观念和思想很难与社会同步，需要及时更新。

②只重技能，不重素质。企业员工培训的内容很多，一般由知识培训、技能培训和素质培训组成。我国企业的员工培训主要停留在员工的知识和技能方面，对于其他方面则做得不够。例如，在对企业文化的传承、企业内聚力的加强、

员工工作热情的激发等方面，企业多存在培训不足的问题，这导致我国企业员工的培训只注重技能培训而忽视素质培训。其结果是虽然员工技能得到了长足的提高，但缺乏正确的工作态度和优良的职业精神，导致员工离职率居高不下，企业的培训投入无法得到回报。

③不成体系，方法老套。一份权威机构对我国企业的培训调查报告显示，92%的企业没有完善的员工培训体系，仅有42%的企业有自己的培训部门。很多企业一提到员工培训，就是来场讲座或是外派学习一周等，很少考虑自身需要，只是为培训而培训。

④流于表面，缺乏激励。大部分企业只是注重培训的现场状况，只对培训的组织、培训讲师的表现等最表面的东西进行考评，而对于培训对员工行为的影响，甚至对公司整体绩效的影响却不去考评。外派培训则更为简单，只看培训者有没有获得培训的合格证书，流于表面，不重视培训的内涵。

（2）完善企业员工培训方法的途径

针对目前国内企业员工培训工作中所存在的弊端和不足，企业在开展自身的员工培训工作时，要根据企业培训的新目标、新内容，总结其他企业的培训经验，建立符合自身特色和时代特征并符合规律性、富有实效性的系统方法，具体可以从以下几个方面努力。

①注意运用渗透式培训方法。不断加强渗透式培训，是今后企业员工培训方法发展的一个趋势。企业应借鉴国内外先进大公司的有益做法并结合自身特点，探索具体渗透方法。首先，寓员工培训于企业文化建设之中。企业可通过企业愿景、战略目标、企业价值观等的宣传，引导员工从中获得良好的企业氛围熏陶，提高综合素质，摆正价值取向，选择正确的、和企业发展一致的职业生涯。其次，寓员工培训于开放模式之中。开放型的培训模式应该是"面向世界、面向社会、走出企业、多方参与、内外开放、齐抓共管"的模式。

②注意运用隐性培训的方法。我国企业的员工培训比较侧重于显性方法，即能让员工明显感到培训意图的方法。这种方法有利于对员工进行正面系统的理论培训，而且容易对培训过程进行监控和评估。但光靠显性方法是不够的，企业应结合自身实际，借鉴运用隐性培训方法，使员工在不知不觉中得到提高。

③注意运用灵活多样的培训方法。正确认识员工的层次性、差异性，是实施灵活多样的培训方法的前提。这就需要培训开展与时俱进，以更加多样的方法增强员工培训的针对性和实效性。当然，强调员工培训方法的多样性，并不等于否定员工培训内容的主导性，应用培训方法的多样性来丰富培训主导性的内容，使两者相互依存、相互促进、共同发展。

④注意科学化的培训方法。传统的企业培训从"本本"出发，沿袭常规不变的教条；现今的一些员工培训从目标设计到具体实施都经过了科学的评估和实验过程，是反复论证筛选的结果。科学化的培训方法表现在普遍使用各种较先进的科技来辅助培训（如用计算机来处理分析有关资料）；也表现在培训观念更新和实践领域的通俗化上。

（3）员工培训的常用方法

随着企业员工培训理论的不断发展和深入，企业对员工培训的方法也变得日趋多样和成熟。员工培训主要的方法有授课法、研讨法、案例法、工作轮换法、户外拓展等。企业培训方式的选择对培训效果有直接影响，因此，对不同的培训对象和培训内容，应当选择不同的培训方法，才能达到企业员工培训的目的。

①授课法。授课法是最普遍采用的员工培训方法，是通过讲师的语言和演示，向员工传授知识和技能的方法。授课法具有方便实施、效率高的特点。在实施授课法时，企业员工培训的内容要符合企业和员工的需求，并考虑员工的接受能力。讲师的选择也很关键，最好选择专业经验丰富的授课老师。

②研讨法。研讨法是员工培训的重要方法之一，是鼓励员工就所学知识提问、探讨的一种培训方式。企业通过员工之间的交流来解决工作中存在的问题，有助于员工巩固理解学习的知识，培养员工的综合能力和解决问题的能力。

③案例法。案例法源自国外大学的教学模式，是研讨教学法的延伸。这种方法的主要优点是鼓励员工认真思考、主动参与，并发表个人见解和体会，可以培养员工的表达能力、合作精神。案例法的重点在于如何提高员工培训效果，难点在于教学案例的开发。

④工作轮换法。工作轮换法是将员工调到另一个工作岗位去工作，也叫"轮岗培训"。工作轮换法能帮助员工理解多种工作环境，扩展员工的工作经验，适合于培训综合性管理人员。

⑤户外拓展。户外拓展主要是利用有组织的户外活动来培训团队协作能力。这种方法适用于培训与团队效率有关的技能，如自我意识、问题解决、冲突管理和风险承担等。户外拓展培训的方式一般是团体性的体育活动或游戏，如登山、野外行军、攀岩、走木桩、翻越障碍等。企业员工培训方案如果采取户外拓展，一定要有针对性，要通过活动来达到培训员工的目的，并要格外注意人身安全。

3. 培训内容的选取

（1）培训内容选取的原则

培训内容的选取宜遵循学以致用、共赢、内容丰富等原则。

①学以致用。企业培训与社会办学不同，社会办学强调的是强化基础、宽化专业，这是因为学生毕业后面对的是整个社会，大多数人很难匹配到狭义上的"对口专业"，只有具备了扎实的基础知识和宽广的专业面，才能较从容地面对就业。而在企业中，每一个员工都有自己的工作岗位，所要适应的知识和技能有一个基本确定的范围。因此，企业对员工的培训应该围绕着这个范围来展开。这样，员工学得会、用得上、见效快，企业成本也低，从而实现成本收益的最优化。

②培训的结果对企业和员工都有利。在培训活动中，企业投入的是人、财、物等资源，目的是提升企业的技术能力、产品质量和生产效率，进而提高企业在市场上的竞争力；员工投入的是时间、精力，目的是提升自身的素质和工作技能，赢得尊重，为日后更换工作岗位、晋升、加薪做好准备。

③内容丰富、形式多样。在企业中，员工的职系分工不同，应用的知识、技能随之不同；员工的职位层级不同，应用知识、技能的深浅程度也不同。为使每一个员工都得到有针对性的培训，企业需要有层次多而又丰富的培训内容。丰富指的是培训形式多样。根据培训的对象、目的、时间周期、培训人数等，培训可采用军体训练、讲课讲座、办短训班或集训队、跟班学习、班组研讨会、外派学习、师傅带徒弟、户外活动等多种形式进行。

（2）新员工培训的主要内容

新员工的岗前培训是最常见的企业培训之一。与一般的企业员工培训不同，新员工培训主要侧重于两个方面：首先，帮助新员工熟悉企业的工作环境，让他们轻松愉快地成为企业中的一员；其次，使新员工了解必要的知识和技能，了解公司的运作程序，使他们熟悉公司的设施和他们的岗位责任。

（3）在职员工培训的主要内容

在企业培训中，对在职员工的培训约占整个企业培训工作量的 80%～90%。在职员工常常人数众多，培训需求也是千差万别。这种培训需要长期持续、逐步深入地进行，才能取得好的效果。因此，对企业在职人员培训内容的确定，是做好企业培训工作的关键之一。一般来说，在职员工培训主要侧重于对新知识、新技术的培训。

四、培训效果评估

（一）培训效果评估的作用

企业在培训的某一项目或某一课程结束后，一般要对培训效果进行一次总结性的评估或检查，以便找出受训者究竟有哪些方面的收获与提高。培训效果评估是一个完整的培训流程的最后环节，它是对整个培训活动实施成效的评价与总结，同时评估结果又为下一个培训活动确定培训需求提供了重要信息，是以后培训活动的重要输入。在运用科学的方法和程序获取培训活动的系统信息前提下，培训效果评估能够帮助企业决策者做出科学的决策，提高培训项目的管理水平。

（1）培训效果评估是整个培训系统模型的重要组成部分

在整个培训系统中，培训效果评估是一个非常重要的组成部分。没有培训效果评估，整个培训系统将不完整。一个完整的培训系统模型，应该从组织、工作和个人三方面进行分析，确定培训需求；然后进行培训目标的确定，通过确定培训目标，可以确定培训的对象、内容、时间和方法等；接下来是进行培训计划的拟订，这是培训目标的具体化和操作化；下一步是实施培训活动；最后一步便是培训效果评估。科学有效的培训效果评估，是对整个培训项目的成本收益或存在的问题进行的总结，能够为下次培训项目的开展和改进提供有力的帮助。

（2）培训效果评估是培训循环系统的一个关键环节

培训过程应该是一个系统性的循环过程。在这个循环系统中，培训效果评估是整个过程的重要环节，属于独立的关键部分，它的变化将影响许多其他子系统的变化。培训效果评估在整个培训系统中有重要的地位，良好的培训效果评估会给培训过程其他环节带来益处。

（3）培训效果评估可以提高培训的地位

企业培训不同于学校教育。学校教育是一种文化活动，其宗旨是提高全民文化素质，不要求立即获得现实的经济利益。但是，企业培训通常由企业自身承担，需要消费企业的稀缺资源，企业多希望尽快看到回报。培训效果评估能够反映出培训对于企业的作用，特别是在评估中采用一些定量指标进行分析，能够让管理者看到培训投资的有效性，提高管理者对培训的认可与重视。

（二）培训效果评估的内容

有关培训效果评估的最著名模型是由柯克帕特里克提出的。柯克帕特里克的模型包括反应层、学习层、行为层和结果层四个层次，这也是培训效果评估的主要内容。评估者要确定最终的培训评估层次和内容，因为这将决定要收集的数据种类。

1. 反应层评估

反应层评估是指受训人员对培训项目的看法，包括对材料、讲师、设施、方法和内容等的看法，这些反应可以作为评估培训效果的内容和依据。反应层评估的主要方法是问卷调查。问卷调查是评估者在培训项目结束时进行的，收集受训人员对于培训项目的效果和有用性的反应的一项调查。受训人员的反应对于重新设计或继续培训项目至关重要。反应问卷调查易于实施，通常只需要几分钟的时间。

2. 学习层评估

学习层评估是目前最常见也最常用到的一种评价方式。它是一项测量受训人员对原理、事实、技术和技能的掌握程度的评估。学习层评估的方法包括笔试、技能操练和工作模拟等。培训组织者可以通过笔试、绩效考核等方法来了解受训人员培训后在知识以及技能方面有多大程度的提高。

3. 行为层评估

行为层评估往往发生在培训结束后的一段时间，由上级、同事或客户观察受训人员，确定其行为在培训前后是否有差别，他们是否在工作中运用了培训中学到的知识。这个层次的评估包括受训人员的主观感觉，上级、同事或客户对其培训前后行为变化的对比等内容。这种评价方法要求人力资源部门与职能部门建立良好的关系，以便不断获得员工的行为信息。

4. 结果层评估

结果层评估上升到组织的高度，即评估组织是否因为培训而经营得更好。这可以通过一些指标来衡量，如事故率、生产率、员工流动率、生产质量、员工士气以及企业对客户的服务等。通过对这些组织指标的分析，企业能够了解培训带来的收益。例如，人力资源开发人员可以通过比较培训前后事故率，分析事故率的下降有多大程度归因于培训，从而推测出培训对组织整体的贡献。

（三）培训效果评估的方法

1. 培训效果的定性、定量评估方法

（1）培训效果的定性评估方法

培训效果的定性评估方法是指评估者在调查研究、了解实际情况的基础之上，根据自己的经验和相关标准，对培训效果做出评价的方法。这种方法的特点在于评估的结果只是一种价值判断，如"培训整体效果较好""培训讲师教

学水平很高"之类的结论，因此它适合于对不能量化的因素进行评估。目前国内大多数企业采用这种培训评估方法。

（2）培训效果的定量评估方法

定性评估方法只能对培训活动和受训人员的表现做出原则的、大致的、趋向性的判断，而定量评估方法则能对培训作用的大小、受训人员行为方式改变的程度及企业收益多少给出数据解释，即通过调查统计分析来发现和阐述行为规律。从定量分析中得到启发，然后以描述形式来说明结论，这在行为学中是常见的处理方法。

2. 培训效果评估的主要技术方法

培训效果评估技术通过建立培训效果评估指标及评估体系，对培训的成效进行检查与评价，再把评估结果反馈给相关部门。评估结果可作为下一步培训计划与培训需求分析的依据之一。以下介绍几种培训效果评估的技术方法。

（1）目标评价法

目标评价法要求培训规划者在制订培训计划时，将受训人员完成培训计划后应学到的知识、技能，应改进的工作态度及行为，应达到的工作绩效标准等目标列入其中。培训课程结束后，评估者将受训者的测试成绩和实际工作表现与既定培训目标相比较，得出培训效果，以此作为衡量培训效果的根本依据。目标评价法操作成功的关键在于确定培训目标，所以在培训实施之前企业应制定具有可确定性、可检验性和可衡量性的培训目标。

（2）绩效评价法

绩效评价法是由绩效分析法衍生而来的。它主要用于评估受训者行为的改善和绩效的提高。绩效评价法要求企业建立系统而完整的绩效考核体系。在这个体系中，要有受训者培训前的绩效记录。在培训结束3个月或半年后，对受训者再进行绩效考核，并对照以前的绩效记录，在这种情况下，企业通常能明确地看出培训效果。

（3）关键人物评价法

关键人物是指与受训者在工作上接触较为密切的人，可以是受训者的上级、同事，也可以是其下级或者客户等。有研究发现，在这些关键人物中，同级最熟悉受训者的工作状况，因此，可采用同级评价法，向受训者的同级了解其培训后的改变。这样的调查通常很容易操作，可行性强，能够提供很多有用信息。

（4）测试比较评价法

无论是国内的学者还是国外的学者，都将员工通过培训学到并掌握知识、原理或技能作为企业培训的效果。测试比较评价法是衡量员工知识掌握程度的有效方法。在实践中，企业会经常采用测试法评估培训效果，但效果并不理想，原因在于没有加入任何参照物，只是进行简单的测试。而有效的测试评价法应该是具有对比性的比较评价。

（5）收益评价法

企业的经济性特征迫使企业必须关注培训的成本和收益。培训收益评价法就是从经济角度综合评价培训项目，计算出培训为企业带来的经济收益。

以上五种培训效果评估方法，一般可以多种方法联合使用。企业在操作中，可以采用一些常用的形式，如问卷调查、座谈会、面谈、观察等，取得相关数据，再将两组或多组不同的数据进行分析比较。

第三节　绩效管理

一、绩效管理概述

绩效管理是人力资源管理的核心职能之一。学术界对绩效管理的认识存在争议，争议的焦点主要在于绩效管理的对象或客体。根据绩效管理对象的不同，人们提出三种不同的绩效管理模型。

（一）绩效管理是管理组织绩效的系统

从组织角度进行绩效管理，是为了提高组织绩效，实现组织的总体目标。这种观点的核心在于设计组织战略，并通过组织结构、技术系统和程序等来加以实施。绩效管理主要从组织的角度来考虑绩效目标的设置、绩效改进和考察，员工虽然会受到影响，但不是主要的分析重点。例如，布瑞德鲁普从组织绩效的角度分析绩效管理，认为绩效管理主要包括绩效计划、绩效改进和绩效考察三方面的内容。绩效计划是系统地阐述组织的预期目标和战略，并界定绩效等活动；绩效改进则包括组织流程再造、持续改进、标准化和全面质量管理等过程；绩效考察是指确定绩效评价标准的设计和绩效评价。

（二）绩效管理是管理员工绩效的系统

另一些学者认为绩效管理是管理员工绩效的系统。持此观点的学者认为，绩效管理是组织对员工关于其工作绩效及发展潜力的评价和奖惩，是一种具有周期性的管理行为。例如，艾恩斯沃斯和史密斯认为绩效管理分为绩效计划、绩效评价和绩效反馈三个过程。特灵顿和霍尔将绩效管理分为绩效计划、支持和绩效考察三个步骤。这些学者的观点在绩效管理系统的具体构建方面各有不同，但他们存在一些一致的观点。绩效管理的主要考虑对象是员工个体，首先管理者和员工一起设置绩效目标并与其达成一致的承诺；其次对实际期望的绩效进行客观衡量或主观评价；最后通过员工反馈进行调整，确定员工可接受的绩效目标，并采取具体行动实现绩效目标。

（三）绩效管理是管理组织绩效和员工绩效的综合系统

第三种观点认为绩效管理是管理组织绩效和员工绩效的综合系统。这种观点不是前两种观点的简单加总，而是认为绩效管理是管理组织绩效和员工绩效的一套综合系统。一些综合绩效管理模型旨在提高组织绩效，但却强调对员工的干预。例如，泰勒认为绩效管理将各个员工的工作与整个工作单位的宗旨联系起来，以共同支持组织整体目标的实现。事实上，任何组织进行绩效管理的目的都是实现组织目标。因此，对员工的绩效管理总是发生在一定的组织背景中，离不开特定的组织战略和组织目标；而对组织的绩效进行管理，也离不开对员工的管理，因为组织的目标是通过员工来实现的。这些观点说明，企业需要在几个层次上进行绩效管理，在一个极端是管理组织绩效，在另一个极端是管理员工绩效。而更全面的模型应涉及组织、个人和介于两者之间的各个层次。

通常意义上来说，人力资源管理更多地关注的是员工个体的绩效。如果把绩效界定在个体层面上，绩效管理可以界定为在特定的组织环境中，与特定的组织战略、目标相联系，对员工的绩效进行管理以期实现组织目标的过程。绩效管理的根本目的就是让组织的每一位员工每天的工作行为都与组织的战略紧密相连。科学完善的绩效管理系统应该能够帮助组织实现组织目标，使组织和员工实现双赢。具体来说，绩效管理的目的有三个层次。

①战略性目的，即有效的绩效管理有助于组织实现战略目标。

②管理性目的，即组织可以以绩效管理系统为基础进行员工薪酬福利和员工认可计划等方面的管理决策。

③发展性目的，即绩效管理成为员工丰富专业知识和提高工作技能的基础。

二、绩效管理系统

组织为了实现经营计划与战略目标，必须建立高效的绩效管理系统。关于绩效管理系统的组成，不同的学者提出了不同的观点。例如，英国学者理查德·威廉姆斯把绩效管理系统分成四个部分。

①指导 / 计划，即为员工确定绩效目标和评价绩效的标准。

②管理 / 支持，即对员工的绩效进行监督和管理，提供反馈和支持，帮助他们排除制约绩效目标完成的障碍。

③考查 / 评价，即对员工的绩效进行考查和评价。

④发展 / 奖励，即针对绩效评价结果，对员工进行相应的奖励、培训和安置。

多数学者的观点与上述观点基本一致认为，绩效管理系统包括绩效计划、绩效辅导、绩效评价、绩效评价结果反馈与运用等方面。组织的绩效管理系统通过管理者与员工共同参与的绩效计划、绩效辅导、绩效评价以及绩效评价结果反馈与运用等过程，可以在较大程度上确保实现并不断提高组织绩效目标。

（一）绩效计划

绩效计划阶段是管理者和员工共同讨论以确定员工绩效周期内应该完成的工作任务和实现的绩效目标的阶段。作为整个绩效管理过程的起点，绩效计划阶段是绩效管理循环中最为重要的环节之一。不过，并不是说绩效计划一经制订就不可改变，由于环境总是在不断地发生变化，因此组织在实施计划的过程中往往需要根据实际情况不断地调整绩效计划。为了制订出合理的绩效计划，管理者与员工通过双向的互动式沟通，在制订绩效，周期内的绩效目标，以及如何实现预期绩效的问题上达成共识。绩效计划的内容除了最终的个人绩效目标之外，还包括员工应采用什么样的工作方式，付出什么样的努力，进行什么样的技能开发等，以达到计划中的绩效结果。

一方面，为了使绩效计划能够顺利地实施，在绩效计划阶段，管理者应当使员工参与其中。员工参与是绩效计划得以有效实施的保证。社会心理学家认为，由于人们对于自己亲自参与做出的选择投入程度更大，从而增加了目标的可执行性，有利于目标的实现。另一方面，由于绩效计划不仅仅要确定员工的绩效目标，更重要的是让员工了解如何才能更好地实现目标，因此，员工参与其中可以了解组织内部的绩效信息沟通渠道，了解如何才能够得到来自管理者或相关人员的帮助等信息。从这个意义上讲，绩效计划的制订过程更加离不开员工的参与。在绩效计划阶段，管理者和员工应该经过充分的沟通，明确为了实现组织的经营计划，员工在绩效周期内应该做什么事情，以及应该将事情做到什么程度，也就是明确员工的绩效目标。设置绩效目标是绩效计划阶段必须完成的重要任务。

（二）绩效辅导

绩效辅导阶段在整个绩效管理过程中处于中间环节，也是绩效管理循环中耗时最长、最关键的一个环节，是体现管理者和员工共同完成绩效目标的关键环节。绩效辅导过程的好坏直接影响着绩效管理的成败。

绩效管理强调管理者与员工的共同参与，是强调管理者与员工之间形成绩效伙伴关系，共同来完成绩效目标的过程。这种管理者与员工的伙伴关系在绩效辅导阶段主要表现为持续不断的沟通。具体来讲，绩效辅导阶段主要的工作有持续不断的绩效沟通、信息收集以形成评价依据。

管理者与员工关于绩效的沟通贯穿于绩效管理的整个过程，在不同的阶段沟通的重点有所不同。在绩效计划阶段，沟通的主要目的是管理者和员工对绩效目标和标准达成一致。首先是管理者对部门或团队的工作目标进行分解，并提出对于每一成员的目标要求。员工则根据分解给本人的工作任务制订详细的工作计划，提出绩效周期内要完成的主要工作任务和要达到的标准，并就这些内容与管理者进行反复的沟通。双方达成一致后，这些绩效目标和标准就成为绩效周期末评价员工绩效的依据和标准。在绩效辅导阶段，沟通的目的一方面是员工汇报工作进展或就工作中遇到的问题向管理者寻求帮助和解决办法，另一方面是管理者对员工的实际工作与绩效计划之间出现的偏差进行及时纠正。在绩效评价和反馈阶段，管理者与员工进行沟通主要是为了对员工在绩效周期内的工作进行合理、公正和全面的评价；同时，管理者还应当就员工出现问题的原因与员工进行沟通，详细分析并共同确定下一绩效周期改进的重点。

绩效辅导阶段的沟通尤其重要。员工与管理者共同确定了工作计划和评价标准后，并不是说就不能改变了。员工在完成计划的过程中可能会遇到外部障碍、能力缺陷或者其他意想不到的情况，这些情况都会影响计划的顺利完成。员工在遇到这些情况的时候应当及时与管理者进行沟通，管理者则要与员工共同分析问题产生的原因。如果属于外部障碍，在可能的情况下管理者要尽量帮助下属排除外部障碍；如果是属于员工本身技能缺陷等问题，管理者则应该提供技能上的帮助或辅导，帮助员工达成绩效目标。

同时，在绩效辅导阶段，员工有义务就工作进展情况向管理者汇报。通过这种沟通，使管理者能够及时了解员工的工作进展情况。管理者则有责任帮助下属完成绩效目标，对员工出现的偏差进行及时纠偏，尽早发现潜在问题并帮助员工及时解决问题，这样对员工工作的顺利进行是大有裨益的。

在绩效辅导阶段，管理者在与员工保持绩效沟通和辅导的同时，还有一项

重要的工作就是进行信息的收集和记录，为公平、公正地评价员工的绩效水平提供依据。具体来说，信息收集的主要目的在于为绩效评价、绩效诊断、绩效改进提供事实依据。绩效评价结果的判定需要以明确的事实依据作为支持，尽管绩效周期初确定的工作目标或任务可以反映一些问题，但也不足以完全证明员工按照规程、制度进行了操作。通过过程收集或记录的信息，可以作为对员工绩效诊断和绩效评价的重要依据。

（三）绩效评价

1. 绩效评价概述

绩效评价是绩效管理过程中非常重要的环节。绩效评价是针对组织中每位员工所承担的工作，通过应用各种科学的方法，对员工的工作行为、工作结果及其对组织的贡献或价值进行考察和评价，并将评价结果反馈给员工的过程。

绩效评价是一项系统工程，涉及组织战略目标体系及其目标责任体系、评价指标体系设计、评价标准及评价方法等内容，其目的是做到人尽其才，使员工的能力得到淋漓尽致的发挥。为了更好理解绩效评价这个概念，首先要明确绩效评价的目的及重点。组织制定了战略目标之后，为了更好地实现战略目标，需要把目标层层分解到组织内部各个部门及各个组织成员身上，即保证组织内部每个人都有任务。绩效评价就是对组织成员完成工作目标的跟踪、记录和评价。

为了提高绩效评价的有效性，组织必须构建有效的绩效评价系统。有效的绩效评价系统首先必须获得全体组织成员的支持。如果没有全体人员的支持，绩效评价就不能完全成功。例如，如果管理者认为绩效评价系统只是浪费时间、没有真正价值，他们可能就不会根据要求填写评价表；如果员工认为绩效评价系统无效，工作士气和动机就会受到影响。

2. 绩效评价工具

在组织构建了有效的绩效评价系统之后，还要选择适当的绩效评价工具。人力资源管理专业人士可以从大量的绩效评价方法中选择具体的绩效评价工具。组织常用的绩效评价方法包括：图表式评价量表、行为锚定评价量表、行为观察量表、KPI 评价法、平衡计分卡等。在选择过程中，组织必须综合考虑多种因素，其中三个重要的因素是绩效评价工具的实用性、成本以及被评价岗位的工作性质。

3. 绩效评价主体

绩效评价主体的选择是确定了绩效评价方法之后必须要进行的工作。根据传统的观点，大多数组织选择上级主管来评价下属的工作绩效。之所以由主管进行绩效评价，是因为通常他们是最熟悉员工工作的人。对主管而言，绩效评价作为管理的手段，为他们提供了一种引导和监督员工工作行为的途径。事实上，如果主管没有评价下属工作绩效的权力，他们对于下属的管理制约就会大大被削弱。

如果上级主管作为唯一的绩效评价者，在许多情况下对员工而言，绩效评价难以做到公平、公正、准确。这是因为对于员工的工作绩效，如果只有上级主管才能评价，那么上级主管的主观判断很容易影响绩效评价结果的公平性和准确性。一方面，上级主管不一定能够全面地了解下属的各个方面，尤其是在上级主管掌握着对员工进行绩效评价的权力的前提下，员工更不会将缺点暴露在上级主管面前。另一方面，上级主管作为员工绩效评价者，组织内部容易助长拉关系、走后门的不正之风。此外，仅有上级主管进行的绩效评价，其结果也缺乏来自其他方面的信息验证。

4. 360 度绩效评价

随着社会经济的发展，人与人之间的合作日益重要，为顾客服务更是许多组织经营的宗旨。这些在上级主管评价绩效的活动中都不能得到体现，甚至可能会出现同事之间相互损害利益以讨好上级主管的现象。因此，在绩效评价这个问题上，越来越多的组织选择 360 度绩效评价。

360 度绩效评价，是指由员工自己、上司、下属、同级同事以及客户等担任绩效评价者，对被评价者进行全方位的评价。评价的内容涉及员工的工作绩效、工作态度和能力等方面。绩效评价结束后，再通过反馈程序，将绩效评价结果反馈给被评价者，以达到改变员工工作行为、提高工作绩效水平的目的。与传统的评价方法相比，360 度绩效评价从多个角度来评价员工的工作，使评价结果更加客观、全面和可靠。特别是对反馈过程的重视，使绩效评价起到"镜子"的作用，并提供了员工之间相互交流和学习的机会。事实上，国内一些服务行业，如金融业、餐饮业等，常常使用 360 度绩效评价。因为服务人员的服务质量、服务态度唯有顾客最清楚。

在进行 360 度绩效评价时，一般是由多名评价者匿名对被评价者进行绩效评价。采用多名评价者，虽然扩大了信息收集的范围，但是不能保证所获得的信息就是客观准确、公正的。其原因总结为以下几点。

①员工对他人的绩效评价会带有情感因素。在同一组织工作的员工，既是合作者，又是竞争对手，考虑到各种利害关系，评价者有时甚至会故意歪曲对被评价者的评价。比如，可能会给予跟自己关系好的被评价者较高的评价，给予跟自己关系不好的被评价者较低的评价。尤其是当评价的结果跟被评价者的奖金发放、薪酬调整、晋升相联系时，涉及个人利益，员工更有可能存在这种倾向。

②员工可能会对上级做出过高或过低的评价。一方面，员工很可能因为惧怕权威，而给上级主管较高的评价。由于上级主管拥有各种权力，员工不敢得罪，也怕主管日后会报复自己，从而影响自己的前途，于是下属或违背意愿做出违心评价。另一方面，360度绩效评价或导致另外一个极端，绩效评价成为下属对上级发泄不满的途径。

③员工做出"不得罪人"的中庸评价。员工因为对人力资源部缺乏信任，对360度绩效评价充满恐惧感，担心自己的评价会被上司知晓，同时也担心通过这种评价方式收集的信息是否能够进行客观公正的处理，因此做出了"老好人"式的评价。

为了使360度绩效评价能够得以顺利推行并取得较好的效果，组织应注意做到以下几点。

①绩效评价必须获得高层管理者的支持，高层管理者必须在组织内部营造一种变革、创新、竞争、开放的文化，从而使员工摒弃旧有观念，敢于竞争，敢于发表意见，敢于接受别人的评价，让员工能够从观念上接受这种绩效评价方式。

②管理者应加强宣传和沟通，让员工了解评价目的，尽可能使360度绩效评价中的人为因素的影响降到最低程度。在实施360度绩效评价的过程中，组织必须对评价者进行有效培训，对评价的准确性、公正性向评价者提供反馈，指出他们在评价过程中容易犯的错误，以帮助他们提高绩效评价技能。

③组织要尽可能寻找员工充分信任的人员，如组织可以聘请外部专家来执行360度绩效评价项目。为了获得员工信任，组织宜尽量聘请与组织有长期合作、深得员工信任的专家作为项目的负责人。

④360度绩效评价在推行过程中也可以采取灵活的方式进行。在人员流动性大、竞争性强的部门或组织，推行360度绩效评价是很有效的；在人员相对比较固定的部门或组织，因为营造"人和"的氛围很有必要，在这种情况下，360度绩效评价也可以施行，但是评价的结果可以不作为被评价者薪酬调整、晋升等的依据，因为这样容易带来组织或部门内部人际关系紧张。评价的结果

应仅仅用于员工的发展。组织要在员工之间建立互相信任的关系，在这个基础上，360度绩效评价的结果才会比较客观、公正。

5. 确保绩效评价结果公平公正

绩效评价结果往往与员工的利益及发展等各个方面紧密联系，基于此，管理者在绩效评价阶段的重要责任之一是对员工的绩效进行公正、公平和准确的评价。为了使员工的工作绩效得到科学、准确、公正、公平的评价，实现绩效管理的良性循环，组织除了选择360度绩效评价之外，还可以积极采取有效措施，以保证绩效评价过程的公平。例如，大多数组织的绩效评价委员会，会对已经完成的绩效评价结果评审。绩效评价委员会一般由组织高层管理者、中层管理者代表和员工代表组成。在绩效评价过程中被评价者的意见可以向绩效评价委员会、工会、人力资源部、部门主管及高层管理者反映。

第四节 薪酬管理

一、薪酬的概念

（一）报酬与薪酬

1. 报酬

报酬是员工在完成任务后，所获得的一切有形和无形的待遇。通常情况下，将一位员工为某一个组织工作而获得的各种其认为有价值的东西统称为报酬。

2. 薪酬

薪酬泛指因员工向用人单位让渡自己的劳动而获得的各种形式的报酬，包括薪资、福利和保险等各种直接或间接的报酬，其实质是一种公平的交易。薪酬有不同的表现形式，如精神的与物质的、有形的与无形的、货币的与非货币的、内在的与外在的等。

（二）薪酬的相关概念

1. 薪资

薪资即薪金、工资的简称。薪金通常是指支付给以脑力劳动为主的劳动者的，以较长时间为单位计算的员工劳动报酬，一般支付周期较长，如月薪、年薪，国内常使用"薪水"一词。工资通常是指支付给以体力劳动为主的劳动者的，以工时或完成产品的件数计算的员工应当获得的劳动报酬，一般支付周期较短，如计时工资（小时、日、周工资）或计件工资。

2. 收入

收入指员工所获得的全部报酬，包括薪资、奖金、津贴和加班费等项目的总和。

3. 薪给

薪给主要取支付的含义，分为工资和薪金两种形式。

4. 奖励

奖励指员工超额劳动的报酬，如红利、佣金、利润分享等。

5. 福利

福利指公司为员工提供的福利项目，如带薪年假、各种保险等。

二、薪酬的构成

总薪酬有时也称全面薪酬，它概括了各种形式的薪酬和福利，既包括基本薪酬、绩效薪酬、福利和服务，还包括一次性奖金、股票期权等其他多种经济性报酬。其中最重要的三个组成部分即基本薪酬、绩效薪酬以及福利和服务。

（一）基本薪酬

基本薪酬是指一个组织根据员工所承担或完成的工作本身或者是员工所具备的完成工作的技能或能力而向员工支付的相对稳定的经济性报酬。

（二）绩效薪酬

绩效薪酬是薪酬系统中与绩效直接挂钩的经济性报酬，有时也称浮动薪酬或奖金。绩效薪酬的目的是在绩效和薪酬之间建立起直接联系，这种业绩既可以是员工个人的业绩，也可以是组织中某一业务单位、员工群体、团队，甚至整个公司的业绩。

（三）福利和服务

福利和服务不是以员工向组织提供的工作时间为计算单位的，它一般包括非工作时间付薪、向员工个人及家庭提供的服务、健康及医疗保健、人寿保险以及法定和补充养老金等。福利通常可以划分为法定福利和企业自主福利两大类。

三、薪酬的实质

从某种意义上说，薪酬是组织对员工的贡献，包括员工的态度、行为和业绩等所给予的各种回报，其实质是一种公平的交易。从广义上来说，薪酬包括工资、奖金、休假等外部回报，也包括参与决策、承担更大的责任、获得归属感等内部回报。

外部回报是指员工因为雇佣关系从自身以外所得到的各种形式的回报，也称外部薪酬。外部薪酬包括直接薪酬和间接薪酬。直接薪酬是员工薪酬的主体组成部分，既包括员工的基本薪酬（基本工资），如周薪、月薪、年薪等；也包括员工的激励薪酬，如绩效工资、红利和利润分享等。间接薪酬即福利，包括公司向员工提供的各种保险、非工作日工资、额外的津贴和其他服务，比如单身公寓、免费工作餐、子女入托、老人护理和带薪假期等。

内部回报是指员工自身心理上感受到的回报，主要体现为一些社会和心理方面的回报，包括参与企业决策，获得更大的工作空间或权限、个人成长的机会，以及文化活动的多样化等。内部回报往往看不见，也摸不着，不是简单的物质付出，对于企业来说，如果运用得当，就能对员工产生较大的激励作用。然而，在管理实践中内部回报方式经常会被管理者所忽视。管理者应当认识到内部回报的重要性并合理地运用。

四、影响薪酬的因素

影响薪酬的因素主要有环境因素、组织因素、工作因素和个人因素。

（一）环境因素

①国家的有关法律和法规。
②劳动力市场的供求状况。
③地区及行业特点与惯例。
④当地生活水平。
⑤来自竞争对手的压力。
⑥工会的力量。

（二）组织因素

①公司的管理哲学和企业文化。
②本单位的业务性质与内容。
③公司的经营状况与支付能力。

④企业的发展战略和薪酬策略。

⑤组织的地理位置。

（三）工作因素

①该岗位对公司的贡献。

②工作难度及复杂性。

③工作的危险性。

④工作对人体的危害。

⑤岗位的社会评价度。

（四）个人因素

①学历层次。

②工作经验。

③年龄与工龄。

④技能或工作能力。

⑤工作绩效。

⑥工资谈判能力。

五、薪酬的职能

薪酬职能是指薪酬在运用过程中具体功能的体现和表现，是薪酬管理的核心，包括补偿职能、激励职能、调节职能、效益职能和统计监督职能。

（一）补偿职能

职工在劳动过程中体力与脑力的消耗必须得到补偿。只有保证劳动力的再生产，劳动才能继续，社会才能不断进步和发展。同时，职工为了提高劳动力素质而接受的教育或进行的投资，这笔费用也需要得到补偿。

（二）激励职能

薪酬制定的公平与否，直接影响员工的工作积极性。薪酬的激励职能的典型表现是奖金的运用。奖金是对工作表现好的员工的一种奖励，也是对有效超额劳动的补偿，对员工有很大的激励作用。

（三）调节职能

薪酬的调节职能主要表现为引导劳动者合理流动。劳动力市场中劳动力供求的短期决定因素是薪酬。薪酬高，劳动力供给数量就大；薪酬低，劳动力供给数量就少。

（四）效益职能

从雇主的眼光来看，薪酬具有效益职能。薪酬对企业来说是劳动的价格，是投入的可变成本。所以，不能将企业的薪酬投入仅看成货币投入。它是资本金投入的特定形式，是劳动力这一生产要素的货币表现。因此，薪酬投入也就是劳动投入，而劳动是经济效益的源泉。此外，薪酬对劳动者来说是收入，是生活资料的来源。

（五）统计监督职能

薪酬是按劳动数量与质量进行分配的，所以，薪酬可以反映出劳动者向社会提供的劳动量（劳动贡献）。薪酬是按一定价格来购买与其劳动支出量相当的消费资料的，所以，薪酬还可以反映出劳动者的消费水平。因此，通过薪酬就把劳动量与消费量直接联系起来了。

六、薪酬管理的含义及目标

薪酬管理是指根据企业总体发展战略的要求，通过管理制度的设计与完善，薪酬激励计划的编制与实施，最大限度地发挥各种薪酬形式如工资、奖金和福利等的激励作用，为企业创造更大的价值。企业进行薪酬管理，原则上要达到以下目标。

①保证薪酬在劳动力市场上具有竞争性，吸引并留住优秀人才。

②对各类员工的贡献给予充分肯定，使员工及时得到相应的回报。

③合理控制企业人工成本，提高劳动生产效率，增强企业产品的竞争力。

④通过薪酬激励机制的确立，将企业与员工长期、中短期经济利益有机地结合在一起，促进公司与员工结成利益关系共同体，谋求员工与企业的共同发展。

七、薪酬管理的原则

薪酬管理的原则是企业价值观的体现。它告诉员工：企业为什么提供薪酬，员工的什么行为或结果是企业非常关注的，员工的薪酬构成是为了对员工的什么行为或结果产生影响，员工在什么方面有提高时才能获得更高的薪酬……通常来说，有效的薪酬管理应遵循以下原则。

（一）对外具有竞争性原则

支付符合劳动力市场水平的薪酬，确保企业的薪酬水平与同行业、类似企业的薪酬水平相当。虽然不一定完全相同，但是相差不宜过大，否则薪酬太低会使企业对人才失去吸引力。

（二）对内具有公平性原则

支付相当于员工岗位价值的薪酬。在企业内部，不同岗位的薪酬水平应当与这些岗位对企业的贡献相一致，否则会影响员工的工作积极性。薪酬的设定应该对岗不对人。无论男女老少在同一岗位上工作都应当享受同等的薪酬，即同工同酬。它的前提是每个员工都是按照岗位说明书经过严格的筛选被分配到该岗位的，岗位与员工匹配程度高。

（三）激励性原则

适当拉开员工之间的薪酬差距。根据员工的实际贡献付薪，并且适当拉开薪酬差距，使不同业绩的员工能在心理上觉察到这个差距，并产生激励作用。让业绩好的员工认为得到了鼓励，业绩差的员工认为值得去改进，以获得更好的回报。

（四）经济性原则

在实现前面三个基本原则的前提下，企业应当充分考虑自己的经营状况和实际的支付能力，根据企业的实际情况，对人工成本进行必要的控制。

（五）合法性原则

企业报酬制度必须符合党和国家的政策法律。现在我国法制建设仍处于不断充实完善的阶段，企业要尽好自己的社会责任，使薪资制度在合法合理情况下运行。

第五节　员工关系管理

一、员工关系管理的内容

员工关系是指组织中由于雇佣行为而产生的关系，员工关系管理则是指针对管理者、员工和团体之间产生的，由双方利益引起的，并受经济、技术、政策、法律制度和社会文化背景影响的合作、冲突、力量和权利等关系的管理。员工关系贯穿于企业管理的方方面面。

员工关系管理可以细分为劳动关系管理、人员流动管理、员工奖惩管理、内外情报管理、冲突管理、危机管理、沟通管理、社团管理、健康管理、员工申诉管理、企业文化建设、员工激励管理等内容。从管理职责来看，员工关系管理可以分成九个方面：劳动关系管理、员工纪律管理、员工人际关系管理、企业沟通管理、员工绩效管理、员工心理管理、企业文化建设、员工关系管理培训、服务与支持。

二、劳动关系管理

（一）劳动关系管理的概念

劳动关系是指劳动力所有者（劳动者）与劳动力使用者（用人单位）之间，为实现劳动过程而发生的一方有偿提供劳动力，由另一方用于同其生产资料相结合的社会经济关系。这种雇佣关系的正常运转需要一定的外在保障力量，否则，恶劣的劳动关系会造成企业和社会的损失。企业劳动关系管理包括员工上岗和离岗面谈及手续的办理、定额定员的管理等日常管理以及劳动争议、人事纠纷和意外事件的处理等。

1. 劳动关系的主体

从狭义上讲，劳动关系的主体主要包括两方：一方是员工以及以工会为主要形式的员工团体，另一方是管理方。广义的劳动关系主体还包括政府，因为在劳动关系发展过程中，政府可以通过相关法律的制定和实施，对劳动关系进行调整、监督和干预。

员工是指在就业组织中，本身不具有基本经营决策权力并从属于这种决策权力的工作者。包括工人、企业或政府的一般行政人员，以及只有监督权而无奖惩权的低层管理者等人员。员工不包括自由职业者和自雇佣者。

员工团体是指因共同的利益、兴趣或目标而组成的员工组织，包括工会组织和类似于工会的职工代表大会、员工协会或职业协会。在我国和世界上许多国家，工会是员工团体的最主要形式。管理方是指由于法律所赋予的对组织的所有权（一般称产权）而在就业组织中具有主要的经营决策权力的人或团体。管理方一般指资方和雇主，以及企业中代表产权、具有决策权力的高级管理人员。

管理方团体的主要形式是雇主协会，它们以行业或贸易组织为纽带，一般不直接介入员工与管理方的关系之中。其主要任务是同工会或工会代表进行集体谈判，在劳动争议处理程序中向其成员提供支持。管理方团体通过参与同劳动关系有关的政治活动、选举和立法改革来间接影响劳动关系。

政府在劳动关系中的角色如下：一是劳动关系立法的制定者，通过立法来介入和影响劳动关系；二是公共利益的维护者，通过监督、干预等手段促进劳动关系的协调发展；三是公共部门的雇主，以雇主身份直接参与和影响劳动关系。

2. 劳动关系中的力量

劳动关系从订立劳动合同开始，到劳动合同终止结束，是一系列权利义务的总和，包括工作环境、工作方式、工作报酬等，这些权利义务的确定最终取决于劳资双方力量的对比。当然，管理方和员工各自的力量不是一成不变的，而是随着其他因素的影响消长变化，如劳动力市场状况、政府法律法规、企业的组织结构等。

员工的力量，是指劳动者进入就业组织后，所具有的能够影响雇主行为的力量，主要包括退出、罢工、岗位三种力量。

退出力量，是指员工辞职给雇主带来的成本。如招聘和培训的费用成本越高，表明该员工的退出力量越强，其在组织中影响雇主决策的能力越强。

罢工力量，是指劳动者停止工作而给雇主带来的损失或成本。很明显地，该劳动者停止工作给雇主带来的损失越大，其罢工力量越强，其在组织中讨价还价的能力越强。当然，一个工人的罢工力量总是有限的，这也就是工会应运而生的原因。早期工会的任务之一就是团结雇员，以劝说和强迫雇主提供更好的工作条件和更高的工资。

岗位力量，是指劳动者仍旧在工作岗位上，由于主观故意或疏忽而造成的雇主的损失，常表现为员工怠工和缺勤率上升、产品次品率增加。

相对应的，雇主也具有辞退、停工和岗位三种力量。

①辞退力量是雇主通过辞退员工而给员工造成的生活上的困难和精神上的压抑。很明显的，当劳动力市场是买方市场时，雇主辞退的力量较强。

②停工力量是雇主关闭企业所给员工带来的收入下降和利益损失。

③岗位力量体现为雇主具有指挥、安排员工工作的权利，如可以根据个人好恶来安排员工的工作，使员工利益受到影响。

（二）新型的劳动关系

在建立和完善社会主义市场经济体制的过程中，我国的劳动关系日趋复杂多样，目前初步形成了以《劳动法》为主体的调整劳动关系的法律法规体系，初步构建了劳动合同和集体合同制度、三方协调机制、劳动标准体系、劳动争议处理体制和劳动保障监察制度。

1. 劳动合同制度

我国劳动合同制度从 20 世纪 80 年代中期开始试点，在 20 世纪 90 年代得到大力推广，至今已在城镇各类企业中广泛实施。我国法律规定，用人单位与劳动者依法建立劳动关系，应该书面订立有固定期限、无固定期限或以完成一定的工作为期限的劳动合同。在订立劳动合同的过程中，劳动关系双方必须遵循平等自愿、协商一致的原则。劳动合同制度明确了劳动者与用人单位双方的权利和义务，保障了劳动者的择业自主权和用人单位的用人自主权。

2. 集体合同制度

政府鼓励企业不断加强职工代表大会和工会的职能，不断完善职工民主参与制度。为形成企业劳动关系自我协调机制，我国开始探索通过平等协商建立集体合同的法律制度，并加以推广。我国的法律法规规定，企业职工可以就劳动报酬、工作时间、休息休假、劳动安全卫生和保险福利等事项，由工会代表或直接推荐职工代表与企业开展平等协商签订集体合同。

3. 三方协调机制

我国积极建立符合国情的政府、工会和企业三方协调机制。这种协调机制由各级政府劳动和社会保障部门、工会组织、企业组织派出代表组成协调机构，对涉及劳动关系的重大问题进行沟通和协商，对拟订有关劳动和社会保障法规以及涉及三方利益调整的重大改革方案和政策措施提出建议。

4. 劳动标准体系

目前，我国已经形成以《劳动法》为核心的劳动标准体系，内容涉及工时、休息休假、工资、禁用童工、女职工和未成年工特殊劳动保护、劳动定额、职业安全卫生等方面。

5. 劳动争议处理体制

我国主张及时依法处理劳动纠纷，维护当事人双方的合法权益，提倡和支持劳动争议双方采取自行协商的方式解决争议。我国有关法律法规明确规定了依法解决劳动争议的程序和机构。按照规定，劳动者与企业在发生劳动争议后，当事人一方可向企业内部劳动争议调解委员会申请调解，调解不成或当事人不愿意进行调解时，可向当地劳动争议仲裁委员会申请仲裁，当事人如果对仲裁机构的仲裁裁决不服，可向人民法院提起诉讼。

6. 劳动保障监察制度

自 1993 年起，我国逐步建立了劳动保障监察制度。《劳动法》和《中华人民共和国行政处罚法》等法律法规规定了劳动保障监察机构的职责和工作程序。劳动和社会保障行政部门依法对用人单位遵守劳动和社会保障法规的情况进行监督检查，对违反劳动和社会保障法律法规的行为有权制止、责令改正，并可依法给予警告、罚款等行政处罚。任何组织和个人对于违反劳动和社会保障法律法规的行为都有权检举和控告；若当事人认为劳动和社会保障行政部门在实施监察执法时侵犯了其合法权益，可以提起行政复议或行政诉讼。

（三）劳动合同

1. 劳动法

劳动法是调整特定劳动关系以及与劳动关系密切联系的社会关系的法律规范的总称。劳动法所研究的劳动是职业的、有偿的和基于特定劳动关系发生的社会劳动。劳动关系方面的法律主要有三项功能。

①保护劳动关系双方的自愿安排并为之提供保护，如建立劳动合同等。

②解决纠纷，劳动法不仅赋予劳动者劳动权和保障权，而且还规定了保证这些权利实现的司法机制。

③确定基本劳动标准，如最低工资、最低就业年龄、工作时间和休息休假以及安全卫生标准等。

劳动法通过平衡雇员和雇主双方的权利、义务关系达到调整劳动关系的目的，通过规定雇员和雇主双方的权利、义务关系，将其行为纳入法治的轨道。我国《劳动法》规定，劳动者享有平等就业和选择职业的权利、取得劳动报酬的权利、休息休假的权利、获得劳动安全卫生保护的权利、接受职业技能培训的权利、享受社会保险和福利的权利、提请劳动争议处理的权利以及法律规定的其他劳动权利。同时，劳动者应完成劳动任务，提高职业技能，执行劳动安全卫生规程，遵守劳动纪律和职业道德。权利和义务是一致的、相对应的。我国《劳动法》第 4 条特别规定："用人单位应当依法建立和完善规章制度，保障劳动者享有劳动权利和履行劳动义务。"

2. 劳动合同的订立

《劳动法》第 17 条规定："订立和变更劳动合同，应当遵循平等自愿、协商一致的原则，不得违反法律、行政法规的规定。""平等"是指劳动合同双方当事人在签订劳动合同时的法律地位是平等的，不存在任何依附关系，任何一方不得歧视、欺压对方。"自愿"是指劳动合同双方当事人应完全出于自己的意愿签订劳动合同，凡是以强迫、欺诈、威胁或乘人之危等手段，把自己的意志强加于对方，或者所订立条款与双方当事人的真实意愿不一致，都不符合自愿原则。"协商一致"是指合同双方当事人对所发生的一切分歧要进行充分协商，在双方意思表示一致的基础上再签订劳动合同。劳动合同的依法订立要求如下。

①主体合法，即签订劳动合同的双方当事人必须具备法律法规规定的主体资格。劳动者一方必须达到法定的劳动年龄，具有劳动权利能力和劳动行为能力，用人单位则必须具备承担合同义务的能力。

②目的和内容合法，即劳动合同所设定的权利义务、合同条款必须符合法律法规，不得以合法形式掩盖非法意图和违法行为。用人单位不得以订立劳动合同为名向劳动者收取抵押金、保证金或其他费用。

③程序合法，即订立劳动合同要遵循法定的程序和步骤，要约和承诺须符合法律规定的要求。例如，劳动者有权了解用人单位的有关情况，并应当如实地向用人单位提供本人的学历、工作经历和职业技能等证明。

3. 无效劳动合同

无效劳动合同，是指劳动者与用人单位订立的违反劳动法律法规的协议。无效劳动合同从订立起就不具有法律效力，不受法律保护。无效劳动合同主要包括：违反劳动法律法规的合同；采取欺诈、胁迫等手段订立的合同；因重大误解签订的劳动合同；内容显失公平的合同；劳动报酬和劳动条件等标准低于集体协议的合同。当发生劳动合同部分无效时，如果无效部分不影响其余部分效力，则其他部分仍然有效。劳动合同双方若对劳动合同法律效力发生争议，应向劳动争议仲裁委员会申请仲裁或向人民法院提起诉讼。

4. 劳动合同的内容

劳动合同的内容主要包括劳动关系双方的权利和义务。

劳动者的主要义务包括以下内容。

①劳动给付的义务，包括劳动给付的范围、时间和地点。劳动者应当按照合同约定的时间、地点亲自提供劳动。

②忠诚的义务，包括保守用人单位在技术、经营管理和工艺等方面的秘密；在合同规定的时间和地点，服从用人单位及代理人的指挥和安排；爱护所使用的原材料和机器设备等。

③附随的义务，即由于劳动者怠工或个人责任，使劳动合同义务不能履行或不能完全履行时，劳动者应负赔偿责任。

用人单位的主要义务包括以下内容。

①劳动报酬给付义务，即按照劳动合同约定的支付标准、支付时间和支付方式按时足额支付劳动者工资，不得违背国家有关最低工资的法律规定，即集体协议规定的最低标准。

②照料的义务，即用人单位应为劳动者提供保险福利待遇，提供休息休假等保障。此外，劳动者享有职业培训权、民主管理权、结社权等权利，用人单位应为劳动者行使这些权利提供时间和物质条件保证。

③提供劳动条件的义务，用人单位有义务向劳动者提供法律法规所规定的生产、工作条件和保护措施，如工作场所、生产设备等其他便利条件。

劳动关系双方的权利义务会形成条款出现在劳动合同中。劳动合同的条款分为法定条款和约定条款。这里的法定条款是指劳动法律法规所规定的，双方当事人签订劳动合同必须具备的条款，主要有劳动合同期限、工作内容、劳动保护和劳动条件、劳动报酬、劳动纪律、社会保险、劳动合同终止条件、违反劳动合同的责任等。约定条款是双方当事人在必备条款之外，根据具体情况，经协商约定的条款。约定条款只要不违反法律和行政法规，具有与法定条款同样的约束力。

为了避免劳动者在用人单位出资培训后违约，用人单位可以在劳动合同中约定培训条款或与劳动者签订培训协议，就用人单位为劳动者支付的培训费用、培训后的服务期以及劳动者违约解除劳动合同时赔偿培训费的计算方法等事项进行约定。

此外，以下内容也是劳动合同中常见的约定内容。

①保守商业秘密。商业秘密，是指不为公众所熟知，能给用人单位带来经济利益，被用人单位采取保密措施的技术、经济和管理信息。保密条款一般包括需要保守商业秘密的对象、保密的范围和期限以及相应的补偿。

②补充保险和福利待遇。用人单位和劳动者除应当依法参加社会保险外，可以协商约定补充医疗、补充养老和人身意外伤害等条款。

③第二职业条款。第二职业条款即约定劳动者是否可以从事第二职业以及如何从事第二职业的合同条款。我国有关法规（如《聘请科学技术人员兼职的暂行办法》）和政策规定，可从事第二职业的，只限于一定范围的劳动者。凡从事第二职业者，应当事先取得用人单位的同意或者在劳动合同中已做许可性约定。

5. 劳动合同的变更

劳动合同的变更，是指劳动关系双方在履行劳动合同过程中，经协商一致，对合同条款进行的修改或补充，具体包括工作内容、工作地点、工资福利的变更等内容。其实质是双方的权利、义务发生改变。合同变更的前提是双方原已存在合法的合同关系，变更的原因主要是客观情况发生变化，变更的目的是继续履行合同。劳动合同的变更一般是指内容的变更，不包括主体的变更。劳动合同依法订立后，即产生相应的法律效力，对合同当事人具有法律约束力。当事人应当按照约定履行自己的义务，不得擅自变更合同。但这不意味着当事人就没有在合同生效后，变更相应权利、义务的途径。恰恰相反，当事人既可以经自由协商变更合同，也可以在约定或法定的条件满足时，行使合同的变更权。

劳动合同的变更要遵循平等自愿、协商一致的原则，任何一方不得将自己的意志强加给对方。劳动合同当事人一方要求变更劳动合同相关内容的，应当将变更要求以书面形式送交另一方，另一方应当在15日内答复，逾期不答复的，则视为不同意变更劳动合同。变更劳动合同的条件主要包括以下三种情况。

①订立劳动合同时所依据的法律法规和规章发生变化。

②订立劳动合同时所依据的客观情况发生重大变化，使劳动合同无法履行，当事人要求变更其相关内容，如企业转产、劳动者丧失部分劳动能力等。

③用人单位发生合并或者分立等情况，原劳动合同继续有效，劳动合同由继承权利义务的用人单位继续履行。

三、员工纪律管理

（一）员工纪律管理的概念

无规矩不成方圆。一个企业要想正常运作必然离不开企业的规章制度和劳动纪律。员工纪律管理是指引导员工遵守企业的各项规章制度和劳动纪律，维持企业内部良好的秩序，并且凭借奖励和惩罚等措施纠正、塑造员工的工作行为，提高员工的组织纪律性，同时员工可以通过书面或者口头的形式对企业的有关规定提出建议。员工纪律管理在某种程度上对员工行为起约束作用，同时也有利于不断完善企业的管理方针，使其在动态发展中渐趋成熟。

所谓员工纪律管理，就是企业在社会生产过程中，运用奖惩手段来约束员工的行为，使劳动保持秩序的过程。"约束员工的行为"包括两个层面：预防性纪律管理和矫正性纪律管理。前者聚焦于员工潜能的发挥，运用激励手段鼓励员工遵守企业的规章制度和行为准则，以预防不良行为的产生；后者聚焦于呈现既定事实的最小代价，运用惩戒手段，如警告、降职、停职察看、劝退等，促使员工以后不再出现违纪甚至违法行为。

企业经营活动由从生产到销售或服务的一系列环节组成，各个环节都离不开企业的纪律管理，纪律管理对于员工提升和企业发展均具有重要意义。首先，纪律管理有利于约束企业管理者和普通员工的行为，提升管理者和普通员工的素质。对于企业管理者来说，通过纪律管理对管理者的行为进行约束，可以促进管理者具备更强的决策能力、领导能力。如管理者在参与项目的过程中，制订计划需要征求所有员工的意见，然后再根据组织的实际情况来确定具体的目标；项目实施时管理者需要对项目进行跟进，以确保负责执行计划的员工能依照原定计划完成企业的经营目标，排除由于员工缺乏纪律意识导致的各种问题，同时管理者也能厘清各项具体细节，使帮助企业各运作单位的步伐协调。对于普通员工来说，纪律管理可约束其行为，如不随便脱岗，有事请假等；可激发其工作积极性，如无故旷工会被扣发工资，使其保持出勤率等；同时，也使基层员工具备了职业化与专业能力、标准化与应变能力、专注化与细节能力，并提高了忠诚度与创造能力。其次，纪律管理有利于形成良好的企业文化，促进企业发展。

（二）员工纪律管理的策略

奖励和惩罚是管理者对员工进行纪律管理的主要手段。奖励是一种积极性的激励因素，会使员工得到肯定，感到满足；惩罚是一种消极性的负面因素，会使员工感到恐惧和受挫。申诉是员工面对不合理的组织管理表达意见和建议的一种方式，是员工有权行使的权利，申诉会促使管理者反思管理行为，提升管理效果。

1. 奖惩

奖惩是管理者根据已发生的员工行为，依据企业的职工奖惩有关规定所进行的处理。对员工的奖励和惩罚必须有理有据，才能发挥奖惩在规范员工行为方面的作用。

（1）奖惩的措施

企业奖励的实施包括物质奖励和非物质奖励。物质奖励是奖金、加薪、旅游等与金钱相关的奖励方式，而非物质奖励包括晋升、培训深造、表彰等。奖励措施体现的是企业对员工忠诚度、工作态度、工作表现和工作绩效的认可。在物质奖励中，奖金、加薪、旅游等可以提高员工的生活消费水平，使员工获得及时的满足，对于员工的短期激励十分有效。在非物质奖励中，晋升是指员工在组织中由低级岗位向更高级岗位变动的过程；培训深造是指优先选送获奖者在国内或者出国深造进修；表彰是指利用公开的场合对获奖者给予表扬，或者将获奖者的事迹通过媒体进行赞美……这些非物质激励是企业对员工进行长期激励的有效手段，可以满足员工更高级别的需求，同时也是对企业的一种长期投资。

企业对员工实施处罚通常是在出现了以下几种情况下进行的：不按时上下班，不服从上级领导，严重干扰其他员工或管理者的正常工作，偷盗行为，在工作中违反安全操作规程，以及其他违反企业规章制度的行为等。企业对员工的惩罚措施按照处罚程度由轻到重分为谈话（批评）、警告、惩戒性调动和降职、暂时停职以及追究刑事责任。找员工谈话是管理者最常用到的管理手段；警告是书面的文件，说明员工违反了什么，再次违反会产生什么后果，在限定日期内不加以改正会受到什么处罚，通常有发送日期和接收者签字；惩戒性调动和降职与晋升相反，或是员工从原有序列调到另外序列，或是员工在同一系列中的职务降级，两者的共同点为职务等级降低；暂时停职是指在一段时间内停止受惩罚者的职务，并且停止发放薪酬和津贴；追究刑事责任是指对触犯刑法者移交司法机关，由司法机关进行处理。

（2）实施奖惩的注意事项

实施奖惩关系到企业和员工的切身利益，在具体操作过程中企业管理者需要倍加关注，以免引起员工的不满乃至申诉。实施奖惩的注意事项主要包括三项内容。

①以事实为依据，管理者要注意调查取证。奖惩应该建立在事实清晰、证据确凿的基础之上，并且实施奖惩应当有明确的、可呈现的依据。企业可以建立员工的工作档案，用以记录员工的工作表现、工作业绩、违规行为等，并时刻更新员工的工作状态，使之成为员工奖惩的一种依据。管理者要避免草率行事，切忌在惩罚之后搜集证据。

②管理者在实施处罚时要注意由轻到重，掌握好处罚力度。管理者对员工进行处罚时应该循序渐进，确保对员工所犯错误进行最轻的处罚，当然对于严重的违纪违法行为，如盗窃、打架等可以采取较重的处罚，总之，对员工的惩处应该与其所犯错误的严重程度相匹配，做到公平公正。

③奖惩结果须向员工公示，遵循民主程序。依据企业职工奖惩条例进行的奖惩应该公平公正，得到企业员工的认可和赞同；同时也需要企业在制定规章制度时征求员工的意见和建议，遵循民主程序，如职工代表大会通过、集体谈判确认通过等。

2. 申诉

当员工对企业某些决策不满时，员工可以通过口头或者书面的形式提出申诉。不少企业都设有员工申诉制度。员工如果对雇佣条件不满，产生不公平感，就会影响员工的工作情绪，降低工作效率，申诉制度的建立为解决此类事件提供了一种正式化的、被认可的途径。

（1）申诉的种类

组织内的申诉包括个人申诉和集体申诉两种。个人申诉是指员工个人对管理方给出的奖励（物质奖励和非物质奖励）和惩罚（谈话、警告、惩戒性调动和降职、暂时停职以及追究刑事责任等）的决定存在异议，由个人或者工会代表向管理方提出。集体申诉是指由组织双方（工会和管理方）针对对方违反协议条款的行为提出政策性申诉，例如管理方把协议中规定的本应该由企业完成的工作任务外包给其他公司，造成公司内部工作岗位减少，损害了员工的利益，此时工会可代表员工进行集体申诉。

申诉的内容一般限于与工作相关的争议，员工的私人问题、家庭问题则被排除在外。一般而言，在组织内可以通过员工申诉制度解决的事情包括工资水平、员工福利、工作环境、安全卫生条件、管理规章制度、工作分配与调动、绩效考核、员工关系等。

（2）申诉的程序

由于企业内部设置的不同以及申诉事件的不同，员工申诉的程序也存在差别。在没有正式工会的企业中，员工申诉多由当事人与主管直接协商，若是得不到解决，则向上一级提出进行再次协商，以此类推，直到最高主管来解决。在工会组织健全的大企业中，员工申诉一般经过三个步骤：第一，由员工及工会代表与直接管理人员通过非正式方式进行协商，如果失败，再向其他管理者提出书面申诉；第二，由工会领导同部门经理或者当地工会负责人直接协商；第三，由工会同人力资源管理部门负责人或者当地工会主席进行协商。申诉内容仍然不能解决的，申诉结束，进入仲裁阶段。

总之，不管组织内有无工会，员工申诉的程序都可分为五个阶段。

①员工或者工会代表提出申诉。员工或者工会代表面对需要申诉的事项时，切忌鲁莽冲动，应该以平和的心态相信员工申诉制度，通过法定程序提出申诉。

②管理方受理员工申诉。不管员工出于什么原因提出申诉，管理方都要客气有理地接纳申诉人的申诉，耐心听取事件的过程，与申诉者、监督者进行协商。

③调查取证。管理者需要本着公开严谨的态度及时查明引起争议的事实，

不得偏袒，可借助员工工作档案、访谈事件的参与人等，同时注意证据的搜集、整理和保存。

④处理申诉问题。管理者在了解了员工申诉的事件之后，与员工进行协商，提出让双方都满意的解决方案，还原事实的本来面目，消除双方的误会，做好"和事佬"的角色。当然，对于情节恶劣的事件，管理方在查明真相的基础上应秉公办理。

⑤申请仲裁或者提起诉讼。如果员工申诉不能在组织内部获得圆满解决，那么双方可以申请第三方机构介入。在我国，组织外部的司法机构有劳动争议仲裁委员会和人民法院，双方可以申请仲裁，如果对仲裁结果不满意，可以进一步向人民法院提起诉讼。

四、其他员工关系管理

（一）员工人际关系管理

员工人际关系管理是指引导员工建立较好的工作关系，创建有利于员工建立良好人际关系的环境。在市场经济体制下，社会环境不断变化，不确定性增强，管理者和员工都面临着更多的工作压力、更大的工作量、更长的工作时间，员工与企业之间的雇佣关系变得越来越不稳定，企业员工流动性增强；同时，社会的快速发展与经济全球化使员工与管理者的个性及思想观念更具多样化。因此，企业员工人际关系的处理比以前复杂，在复杂多变的管理环境中进行有效的员工人际关系管理显得尤为重要。

（二）企业沟通管理

保证企业沟通渠道的畅通，引导企业上下及时进行双向沟通，有利于消除管理者和员工之间的误会和分歧，有利于形成良好的工作氛围。企业沟通管理以心理契约理论为指导，包含员工的参与管理。心理契约是员工关系管理的核心内容，是组织承诺的基础，以员工满意度为目标影响着员工的组织行为。基于心理契约的员工参与是实现企业沟通的良好途径。员工参与使其角色发生改变，使其主人翁意识和积极性不断增强，且员工参与某些政策的制定使其更能理解制度的作用和管理者的工作，从而有利于实现企业的和谐发展。

（三）员工绩效管理

绩效管理（详见本章第三节）是指各级管理者和员工为了达到组织目标而共同参与的绩效计划制订、绩效辅导沟通、绩效考核评价、绩效结果应用、绩效目标提升的持续循环过程。绩效管理的目的是持续提升个人、部门和组织的绩效。绩效考核是员工关系管理的重要内容之一，其与员工薪酬、晋升等相联系，是影响员工关系的敏感因素。制订科学的考评标准和体系，执行合理的考评程序，既能真实反映员工的工作成绩，又能促进员工工作积极性的发挥。在员工绩效管理中，保持和谐的员工关系需要注意：引导员工正确认识绩效考核，消除其恐惧感和抵触感；在制订考核指标时应尽可能量化，保持公平、公正、公开；注重考评过程的公正性和客观性；完善考评反馈机制，及时处理考评中出现的各种问题。

（四）员工心理管理

随着我国经济社会的不断发展和行业改革的不断深入，企业员工面临着更多物质和精神上的考验，逆反、抵触、失衡、随便和狭隘思想是当前存在于员工中的比较普遍的问题。员工心理问题是员工关系的一个重要影响因素。员工关系管理需要关注并掌握员工心态的变化，阶段性地在企业内进行员工满意度调查，预防并处理各种谣言和员工怠工现象，解决员工关心的问题。

（五）企业文化建设

企业文化是伴随企业发展形成的企业氛围，是企业发展的"软实力"，也是企业竞争力的重要表现。企业文化建设是指企业文化相关理念的形成、塑造、传播等过程，是企业的一个重要组成部分。企业文化是种不成文的规定，对企业员工具有内在约束作用，良好的企业文化能够增强企业的凝聚力、向心力，激励员工树立开拓创新、建功立业的斗志，促进企业经济效益的提升。企业管理者需要重视企业文化的建设，塑造积极有效、健康向上的企业文化，引导员工树立正确的价值观，维护企业的良好形象。

（六）员工关系管理培训

员工关系管理培训是指组织员工进行人际交往、沟通技巧等方面的系统培训。目前，在企业培训中，一方面，培训机制多不健全，培训的随意性大，常缺乏明确的培训目标，缺少专业的培训指导教材、培训讲师，对培训讲师的授课内容多缺乏必要的监督和检查，培训方式简单粗暴，培训成果转化不明显；另一方面，培训的作用没有得到企业管理者的高度认可，有时只是应对上级检查，同时人才流动的频繁性使得管理者担心培训成本得不到合理的回报，从而减少对培训的投入。而在健康长久的企业与员工的关系中，健全完善的培训机制对于员工关系管理具有重要作用，对员工是种无形的福利，对企业则能提升长久竞争力。

（七）服务与支持

员工关系管理包括对员工提供服务和支持，即为员工提供有关国家法律法规、公司政策、个人身心方面的咨询服务，协助员工平衡工作与生活。对员工提供相关的服务和支持，帮助员工解决工作和生活中的难题，有助于发展和谐的员工关系，传递互帮互助的正能量，形成良好的企业工作氛围，留住优秀人才。

第六节　国际人力资源管理

一、国际人力资源管理概述

进入 21 世纪，人类社会发生了巨大变化，世界经济日趋融合。比如，越来越多的产品和服务跨出国门，出现在他国的市场中，越来越多的投资和商业合并与兼并等也表现出了这种趋势。另外，越来越多的人在本国投资的外国企业工作，越来越多的人获得工作签证在他国工作。可以说，跨国生产、跨国交易急剧增加，以及全球贸易量的迅速增长，均使人力、资本、商品、服务、技术和信息实现跨国流动成为必然，于是经济的国际化和全球化兴起。而在这一经济全球化的浪潮中，最主要的构成因素就是跨国公司。

跨国公司的出现，依赖于人类科学技术的进步等因素，其中最主要的因素是交通和通信技术的发展。工业革命后，随着汽车和飞机等交通技术的发展，产品的运输成本越来越低，运输距离变长、周期变短，货物的地区和全球流通变得可能。而且，随着电话、无线通信、卫星通信和国际互联网等通信技术的日新月异，全球的沟通也变得及时，随时随地的商务沟通成为现实。当然，全球范围内人们教育水平的提高和移民潮的出现更使经济全球化愈演愈烈。除此之外，跨国公司的出现还有以下因素。

（一）商业活动追求低成本和高利润

20 世纪 60 至 80 年代亚洲四小龙的出现，以及近年来中国成为"世界工厂"，都是全球产业调整的结果。主要就是劳动密集型产业从发达国家向发展中国家转移，而转移的原因便是发达国家由于高昂的劳动力成本挤压了利润空间，从而出现了产业向低劳动力成本国家和地区的转移。这一点近年来又有了一个新的变化。比如，随着中国劳动力成本的提升，近些年来一些纺织品生产已逐渐从中国转移到了劳动力成本更低的越南和印度。

（二）开拓新市场

新市场的开发不仅是企业面临竞争的结果，也是消费者不断寻求新产品和服务的结果。当然，最主要和最积极的参与者当然是企业。

（三）知识和人才

跨国公司不仅寻求低成本和市场，而且也非常重视全球范围内的人才和知识的竞争，特别是当这些潜在的人才背后还有巨大的可开发市场时。

（四）电子商务

国际互联网技术的发展，不仅改变了人们的沟通方式，也加速了经济全球化的进程。如今，连接全球的商务电子信息通道已经形成。电子商务打破了时空局限和贸易形态，也使众多的中小企业在较低成本的前提下，参与到了经济全球化的浪潮中。通过互联网，企业可以在全球范围内寻求商业合作伙伴。在此背景下，消费者也有了更多的选择。如今，电子商务所依托的虚拟市场是任何企业都不能忽视的市场，如 2018 年，我国的电子商务交易总额已经接近 2 万亿元人民币。

二、国际人力资源管理的特点

（一）国际人力资源管理者要成为业务合作伙伴

国际人力资源管理者仅仅成为人力资源管理的专家是远远不够的，美国国际人力资源管理协会认为，国际人力资源管理者要成为企业一线经理的业务合作伙伴。业务合作伙伴要求国际人力资源管理者协助一线经理统筹管理、共同承担责任，以促成目标绩效的有效实现，而不仅仅是像传统的人力资源那样仅仅提供支持性服务。

国际人力资源管理者要充分理解组织的规划目标，包括其法规政策、客户体系、商品服务等方面；要理解人力资源各项活动和组织使命实现之间的关系，能够有效识别并利用对组织使命具有长远影响的因素；要充分理解客户和企业文化，主动了解不同客户的组织特点及要求，确保提供专业有效的咨询和服务。另外，作为国际人力资源管理者，还要善于运用社会学和组织行为学的专业知识和战略实施来提升组织绩效，要从员工的需求角度，理解组织使命的内容和要求，理解在组织结构和运行中人力资源的角色定位，确保人力资源管理的有效运行。

（二）国际人力资源管理者要成为变革的推动者

作为一个国际人力资源管理者，仅仅具有专业的人力资源知识技能和作为业务合作伙伴的能力还不够，还要努力成为变革的推动者。这就要求国际人力资源管理者要能充分了解组织中变革的重要性及潜在的优势所在，支持构建有利于变革的组织结构，坚持对创造性思维的灵活和开放的态度，鼓励支持员工尝试有价值的变革。同时，国际人力资源管理者要能够运用权威的、系统化的专业行为来赢得客户的信任和依赖，并注意应具有极高的职业道德操守，能及时准确兑现对客户的承诺。此外，国际人力资源管理者要具有说服内外客户接受某项方案或措施的能力，能全面分析问题的优缺点，说服关联方接受最佳的行动方案，并随时与内外客户沟通，保证对内外客户的需求和关心的事物有动态把握。

（三）国际人力资源管理者要成为领导者

除以上的理念外，国际人力资源管理者还要努力成为领导者：对内要了解工作的文化多元化对组织成功的潜在作用，同时重视人力资源管理体系的潜在影响，提倡以真诚的行为赢得他人的信任和自我价值的满足；对外则要礼貌公正地对待每一位客户，无论他们的组织级别和社会地位如何，都要一视同仁，提供高效的服务，以促进和保持组织行为的高度协调性。

（四）国际人力资源管理者要成为人力资源管理专家

国际人力资源管理者要紧紧围绕人力资源专家身份，在管理职能业务上保持专精，强化专业业务素质，不断提高专业管理水平。人力资源管理专家身份是保证成为业务合作伙伴、变革推动者和领导者的基础和根本。只有把人力资源管理的专业业务做扎实，才能更好地实现业务合作伙伴、变革推动者和领导者的职能。

如上所述，国际人力资源管理在面对组织动态变革的国际环境下，在传统人力资源管理职能的基础上强化了业务合作伙伴、变革推动者和领导者的三项职能。

第三章 中外人力资源管理模式比较

本章内容是中外人力资源管理模式比较，主要从以下四方面进行了介绍：欧洲人力资源管理模式、美国人力资源管理模式、日本人力资源管理模式以及外国模式对我国人力资源管理的影响。

第一节 欧洲人力资源管理模式

一、欧洲人力资源管理的模式

（一）职工参与管理

职工参与管理可谓欧洲人力资源管理模式与众不同的特点之一，且该措施受到法律的保护，成为成立企业的法律性要求。这不仅限制了企业经营者过于苛刻地限制或要求职工的工作及个人行为的行为，甚至在某些程度上，职工可以通过法律手段监督企业经营者的行为的合法性及合理性。职工可以监督企业是否得到正常、有序的发展，企业的生产运作的发展是否建立在对员工的剥削的基础上。这一措施从一个侧面培养了员工对企业经营的参与性与责任心，在一定程度上可以促进企业有序化发展。

（二）工会组织

工会组织在欧洲的角色往往被诠释为政府为了平衡发展，通过立法与政策而产生的组织。在英国，工会组织可以通过对政府进行呼吁来影响立法，以便使职工获得更多平等的权益。因而，在大多数人本主义学者的眼中，欧洲人力资源管理模式与日美两国的人力资源模式相比，更加强调对人性化发展的培养。

（三）多元化人力资源管理模式

由于欧洲国家众多，不同的国家有着不同的历史、文化和语言，因此欧洲的人力资源管理相对比较复杂，形成了一种欧洲特有的多元化人力资源管理模式。一方面，欧洲的人力资源管理比较注重平衡，注重社会的平衡性以及企业内部的公平，这种人力资源管理为员工提供多样化的保障；另一方面，欧洲的人力资源管理模式比较注重团队协作，相对于其他模式的人力资源管理也更趋于人性化管理，企业多通过人力资源管理给每个员工找到合适的定位并根据定位进行培训与开发。虽然不同的欧洲国家有着不同的人力资源管理模式，但是他们有一个共同特点就是十分重视人力资源的素质。相对于其他地方，欧洲的人力资源学历属于较高水平。随着信息技术的快速发展，欧洲的人力资源管理也越来越信息化，通过信息化既能减少人力资源的浪费，也能让员工获得先进的技术，更加符合企业的发展。

（四）法律保障

欧洲国家的文化使得欧洲国家的政府积极参与和控制人力资源管理，其涉及招聘、工资、培训和工会等人力资源管理方面的法律比较完备。就整个世界范围而言，欧洲各国可以作为一个整体与世界上其他国家和地区相比较。一方面，欧洲各国在人力资源招聘、解聘和教育培训等方面的法律规定和条款比以法制完备著称的美国还要健全得多；另一方面，欧洲各国还对工资、健康和安全、工作环境和工作时间等方面进行了详细的法律规定，包括聘用合约、参加工会的权利以及建立咨询和协调机制等方面的法律条款。

除对人力资源管理进行这些法律限制外，欧洲各国政府对人力资源管理给予了比其他国家和地区更多的控制和资助，控制的办法是通过立法，而资助的办法则是通过财政。大多数欧洲国家为年轻人和失业人员预留了培训费用，为其就业提供便利。

（五）所有制结构变化

近几年来，许多欧洲国家的企业因为受到来自经济增长缓慢，生产成本渐高以及亚洲经济发展所造成的竞争等方面的压力而竞相重组，公有制经济成分渐趋减少。这种所有制结构的变化，对欧洲人力资源管理有着深远的影响：一方面，公有制企业资本比较缺乏，加上公有制企业的政治因素，导致这些企业通常不愿意着手进行新的管理实践尝试，只是在组织中一味营造提高专有技能规范作业程序、零次品和依年资序列晋升的氛围；另一方面，公有制经济部门的工作大多是按部就班的行政服务性工作，而以提高作业效率和客户满意度为目的的人力资源管理对其工作本身并不形成太大影响，因此大部分公有制经济部门没有认识到进行大量的人力资源投资的必要性。

欧洲私营企业的人力资源管理模式也极有特色。在欧洲，许多大型企业都掌控在家族手中，企业人力资源管理一般采用"家长式"作风，给员工提供福利，对员工工作进行紧密跟踪和指导。

二、欧洲人力资源管理的个性特点

欧洲各国的人力资源管理作为一个整体有别于世界上其他国家和地区，与此同时，人力资源管理在欧洲各国之间也存在一定程度的差异。本节主要从招聘、培训开发、薪资福利和沟通授权等四个方面来讨论欧洲各国企业人力资源管理的个性特点。

（一）招聘

欧洲企业招聘的主要方式是内部招聘。有研究结果表明，在欧洲 2/3 的企业中只有 30% 从外部招聘高级经理。在丹麦和德国，有半数以上的企业先将员工招收为办事员（部分作为学徒工），然后从中为大多数职位谋求合适人员。西班牙国内有 66% 的专业人员是从企业内部雇员中招聘的，瑞典的情况也是如此。外部招聘被作为一种辅助方式，其来源主要是劳动力市场。在对员工的挑选上，除参考申请表和推荐信以外，欧洲企业越来越重视心理测试和面谈。

（二）培训开发

德国企业对人力资源培训和开发的重视程度在全球也是数得上的，其职业教育和培训体系相对比较完善。其他欧洲国家一般都在考虑自身特点的基础上参照德国的做法。欧洲的人力资源培训开发总体特点如下。

①学徒制和初级职业培训。德国的法律规定，凡接受 9 年 /10 年义务教育后开始进入职业生活，年龄不满 18 岁的人必须上职业学校学习。

②再培训和再教育。在欧洲，约有 18% 的蓝领工人、37% 的白领员工和 45% 的专门人才接受再教育和再培训。

③对职业教育和培训费用的处理。对于有优良培训传统的国家来说，并不需要强制性规定就可保证企业充分参与培训活动，如德国。但也有些国家，往往需要通过法律规定才能使企业拨出保证最低限度培训计划的经费，如法国。有些欧洲国家的政府也会通过补贴和资助的方式鼓励企业组织员工培训。

（三）薪资福利

欧洲各国在薪资支付形式上各有不同。除少数国家以外，多数欧洲国家一般通过全国和行业范围的谈判来制定工资方案。芬兰、德国和挪威等国由于有顾问和联合决策协议制度，所以除集中谈判外，还通过局部谈判来解决工资问题。在可变工资的实践上，与绩效相关的工资使用最为广泛，绝大部分欧洲国家已将这种形式的工资用于经理和专业技术人员，只有德国企业例外。

（四）沟通授权

欧洲各国企业组织中对基层人力资源管理职能的沟通授权程度不尽相同。在 1990 年到 1992 年间，欧洲各国开始尝试将人力资源管理各项具体职能细化并授权基层职能部门处理。目前就授权范围来说，丹麦最广，几乎涉及所有的人力资源管理职能。在法国，人力资源管理部门还具有辅导功能。在西班牙和意大利，尽管其基层人力资源主管的素质也很高，但其授权程度却相对较低。

另外，由于欧洲各国企业组织中从事人力资源管理的专业人士本身的知识结构及其背景等方面各异，因此各国人力资源管理模式也各具特色。在意大利和荷兰，许多人力资源管理专业人士都有财会背景，这使得他们在人力资源管理中更注重成本控制；而德国的大部分人力资源管理专业人士则具有法律背景，他们在人力资源管理中比较倾向于各种各样的规章和条例。希尔特罗帕（1995）等人通过调查研究，提出了与人力资源管理模式相关的 20 个影响因素，其中包括企业文化、管理制度、企业结构以及人力资源角色与竞争力等方面，正是这些因素的相互作用，形成了欧洲各国种类繁多的人力资源管理模式。

三、欧洲人力资源管理的发展趋势

（一）传统的人事管理理念在实践中不断被去粗存精或扬弃

传统的人事管理方法，并没有被欧洲企业新兴的人力资源管理完全抛弃，而是实现了合理扬弃，其内容和形式以及所引起的功能都得到了创造性的发展。比如，20 世纪 70 年代提出的员工绩效评估不再单纯地作为个人前程发展的依据，其功能被拓展成为改善员工之间、员工工作之间、员工与管理人员之间以及员工与其工作环境之间关系的工具。现在欧洲一些企业正在运用的"360 度反馈系统"就是旨在通过许多与员工个人相联系的群体的反馈意见来对员工进行评估，从而使得评估结果更加合理，更具有说服力，也更容易为员工所接受。

（二）组织管理链上的所有管理者都是人力资源管理者

组织管理链上的所有管理者都是人力资源管理者，这已成为多数成功的欧洲企业的共识。在企业组织中，人力资源管理与其他职能管理之间是一种互补的关系。组织中人力资源活动无处不在、无时不有，这就要求组织中的人力资源管理与其他职能管理必须实现一定程度的融合。在欧洲的很多知名企业中，其组织基层管理人员已经越来越多地开始承担人力资源管理的责任。从另外一个角度看，承担相应的人力资源管理责任对基层经理人员也是一个极富挑战性的自我提高过程。这就需要基层管理者合理处理其本身的职能工作与人力资源管理工作之间的关系。

（三）员工与企业组织之间的关系越来越趋于合作

在当今复杂多变的市场环境下，工作本身的个性化和灵活性趋势要求企业重新整合工作理念，着手规划多层次的职业发展道路、个性化的工作时间和地点以及个性化的工作环境和条件，兼顾组织的利益和企业员工的要求。这与欧洲早期普遍存在的员工与企业之间的契约关系是完全不同的。在契约关系中，员工在一个既定时间和既定地点完成既定工作而获得既定薪酬，其与企业之间的关系从某种程度上来讲是对立的。现在的企业组织与员工关系发生了质的变化，由对立开始走向合作。企业为了能够在越来越激烈的市场竞争中获得生存和发展的机会，就必须努力留住有能力的员工，而高素质的员工通常也都希望能在工作中实现自己的价值。这是一种互补的良性发展倾向，但是要做到这一点并不容易。一个优秀的经理人不但要使其部门获得高水平的绩效，而且还要在工作中给予员工最大的自主权和自由度。正如北欧一家制药公司的首席执行官所说的那样："我的管理理念很简单，首先必须保证员工获得成功，然后你自己才会成功。"

（四）欧洲企业人力资源管理战略与组织整体战略的结合越来越紧密

人力资源管理战略理论研究始于20世纪50年代，盛于20世纪80年代以后。将组织整体战略与其人力资源管理战略相结合，从理论到实践都是极为复杂的，甚至于有人由此而认为这是不可能的。但是，近年来许多企业的实践表明，这种结合不但是可能的，而且是不可避免的，是21世纪每一成功企业所必须进行的一项"修炼"。目前，在经济全球化的大背景下，全球众多企业都面临着这样的挑战，即以越来越少的员工来完成越来越多的高质量任务。一味把人力资源管理战略置于组织整体战略的从属地位，在当前变革如此迅捷的大环境下是不合适的。

欧洲许多企业的首席执行官认为，在竞争中取胜的唯一方法是和员工进行有效沟通。因为他们越来越认识到，员工与客户接触最多，也了解最多，员工可以代表企业给予客户有竞争力的服务，所以人力资源管理战略必须和企业整体经营战略进行有机结合，使之成为企业获得成功的催化剂。

（五）21 世纪的欧洲企业人力资源管理者被赋予了新的角色和使命

随着越来越多的基层管理人员开始行使部分人力资源管理职能，欧洲企业中的专业人力资源管理者也必须不断拓宽自己的专业领域，熟悉企业各个环节的运作。从长远看，欧洲企业人力资源管理者的职能具有一定程度的不确定性。

第二节　美国人力资源管理模式

一、美国人力资源管理的模式

（一）美国传统的人力资源管理模式

20 世纪 70 年代中期以后，日本经济的崛起，尤其是制造业对美国同行的强烈冲击，使越来越多的美国企业开始对传统的管理方式，包括人力资源管理模式进行深刻的反思和必要的修改。由于文化与国情的差异，目前，历史上形成的美国企业人力资源管理模式的主要特点仍然部分保留，在一些中小企业中甚至没有多少变化。

①市场配置为主。美国是当今世界上最发达的市场经济国家，劳动力市场也非常发达，企业人力资源的获取对劳动力市场的依赖非常强。无论是操作工人还是高层经理，企业一般都采用市场手段，通过劳动力市场或者猎头公司来获得。对于不再需要的人，企业也会不计情面地按照法定程序予以解雇。这也导致了未来的求职者从选择学校和专业时起就开始关注劳动力市场的走向。在就业之后，员工如果对工作或者雇主不满意，也可以随时更换工作。因此，美国实行的是任意就业政策，企业与员工的关系，基本上就是短期的市场买卖关系，员工的流动性很大。社会对经常变换工作的人员不歧视，有些人认为他们是有能力和具有市场价值的人。

②制度化管理。秉承泰勒的科学管理理念，美国企业的管理历来讲究制度化和程序化，在人力资源管理上也不例外，其突出表现就是非常重视工作分析。

毫不夸张地说，美国是世界上最重视工作分析的国家之一，全国各行各业有 20 000 多种职称。在企业中谁在什么位置或干什么工种，以及每一工种对工作人员的素质与技能的要求、工作岗位的职责等，都有详尽的明文规定。不同位置和工种的工作人员是不能随便交叉使用和"侵权"的。这种分工提高了管理效率，同时为企业的选才、用才提供了公平合理的依据。

③注重个人激励的刚性工资制度。美国是一个个人主义盛行的国家，在对员工的激励方面也更多地偏重于以个人为激励对象，在工资制度上与日本企业的最大区别是注重个人表现而不是年龄和资历，企业中优秀员工与落后员工之间的工资福利差别相当大。同时，由于工资确定的基础是职务分工，因此首席执行官和高级管理人员的年收入（包括奖金、股票等）可以达到几千万甚至上亿美元，其年收入是普通员工工资的几百倍。

④紧张的劳资关系。从传统上看，美国企业的人力资源管理模式属于技术型，在管理理念中将劳资关系视作一种纯粹的经济契约关系。他们认为企业管理是管理者的事，员工的职责就是完成上级下达的工作任务，其劳动贡献通过工资就可以补偿，没必要也不应该参加管理，更无权过问企业的经营情况。由于不了解企业的经营状况，加上与管理层收入的悬殊差距，因此员工对企业缺乏信任感和归属感，对管理者怀有对立情绪，相对于日本企业而言，美国企业的劳资关系比较紧张。

（二）美国传统人力资源管理模式的演进

美国企业传统的人力资源管理模式具有市场化、制度化和注重个人激励等特点，在满足个人选择、简化人际关系和激发创造力等方面具有较好的作用。尤其是强物质激励的高薪政策，对于吸引世界各地，特别是发展中国家的优秀人才功效显著。在市场环境急剧变化、对技术创新要求高的行业中，这种模式的优越性体现得更为明显。但是，这种模式也带有明显的急功近利和短期行为的倾向，易引发员工责任心较弱、跳槽频繁、劳资关系紧张等现象，对于企业的长久发展来说是非常不利的。20 世纪 70 年代中期以后，日本企业的成功崛起推动了美国企业向日本企业的学习，促进了其在管理方式上的变革，这种变革也折射到了人力资源管理领域。变革具体体现在两个方面。

①人力资源管理在企业中地位的提升。尽管 20 世纪初美国很多企业就建立了人事部，但直至 20 世纪 80 年代之前，在美国的大多数企业中，人力资源管理部门基本上就没有地位，只不过是一个附设机构，不仅权力有限，而且人事经理的工资和级别也很低。这主要是由于长期以来美国企业拥有优越的资源

条件、雄厚的资金技术力量和发达的劳动力市场，使其能够凭借规模经济效应获得产品的国际市场竞争力。但是，20世纪70年代的石油危机和货币危机给美国的传统制造业造成了很大冲击，与此同时，日本企业却在国际市场上大出风头。这一切使美国的企业管理研究者和实际工作者开始了对日本模式的研究，他们发现日本企业效率高的主要原因在于其独特的"以人为本"的管理方式。借鉴日本模式，20世纪80年代以后，美国的大公司普遍将人力资源管理放到了公司发展战略的高度来考虑。进入20世纪90年代，随着高新技术企业的崛起，这一趋势有增无减。这一趋势被认为是20世纪80年代以来美国企业管理的一个最大变化。

②学习和借鉴日本企业人力资源管理模式中的有效做法。美国企业界，尤其是那些受到日本企业巨大冲击的汽车业、家电业，在20世纪80年代出现了向日本企业学习管理经验的浪潮。比如，美国通用汽车公司与日本丰田汽车公司在加州的合资企业，就将日本式的就业制度、劳资关系处理方法以及生产零库存等结合起来，对日本管理模式的学习和引进进行了十分有益的尝试。又如福特汽车公司和克莱斯勒公司（现为戴姆勒－克莱斯勒公司）也在加强员工培训、吸收一线员工参与管理等方面取得了一定的成效。与此同时，美国的金融业和服务业也开始重视对人才的长期培养。如今，诸如企业文化、员工培训、福利计划等做法已经为众多的美国大企业所接受和采纳。

综上，美国企业对人力资源的重视，与当时日本企业的成功有关。只不过美国企业对日本企业的学习是有所取舍的，如日本模式中的终身雇佣制、论资排辈和统一决策等就被舍弃了。而且，富有戏剧性的是，在推进企业的人本管理方面，美国企业的综合表现在20世纪90年代以后超过了日本企业。

二、美国人力资源管理模式的利弊

美国人力资源管理模式强调制度管人，通过竞争机制来实现企业追求效益的目的。其经营管理是以目标管理为中心的责任分工制来实现的。企业对职工的管理一般采用优胜劣汰的竞争方式，员工如果不能适应工作，就被淘汰。企业提拔政策、工资政策、注重效率的绩效报酬管理等都能够充分调动员工的积极性，有利于挖掘员工的潜力，激发员工的创造性。尤其是美国企业的高刺激高奖励政策更是网罗了一批世界各地的精英。与此同时，细腻的工作分析、任意就业政策、详细的职务分工、严格的评估手段等对于提高企业的竞争力，发挥企业精英的智慧与作用，降低企业成本起了重要的激励促进作用。一般来说，美国模式在技术变化急剧的行业中更具竞争力。

同时，美国企业重视短期评估、快速提拔、高奖励的管理方式导致出现公司员工严重的短期行为。许多年轻人工作不到一年就更换了五六次工作，年轻人不断地更换工作，打乱了公司的长期培训计划，于是一些企业不愿意在员工身上进行大量投资，而这影响了公司发展战略和经营效益。此外，任意的就业政策也给许多员工带来了严重的不安全感，降低了他们对企业的忠诚度，对企业的归属感很差。劳资对抗、决策权的过度集中导致员工缺乏高度责任心和自觉性，难以对市场做出敏捷反应。且以个人为基础高度专业化的美国模式会导致员工自我协调能力下降、员工知识与技能过于狭窄的弊端，不利于员工全面能力的提高，这也给企业和员工带来了过于看重短期和局部利益而忽视长远和整体利益的局限。

第三节　日本人力资源管理模式

一、日本传统的人力资源管理模式

日本的企业无论大小都非常重视人的作用，是以人为本管理模式的先行者。在传统东方文化的熏陶下，日本企业界普遍认为，员工积极性的充分发挥，在很大程度上取决于企业内部良好的"人际关系"，因此，企业应当使员工在感情上将企业当作自己的"家"，在利益上愿意与企业"共命运"。"终身雇佣制""年功序列工资制"和"企业内工会"就是这种观念的产物。这三大制度，不仅被认作促进日本第二次世界大战后经济腾飞的"三大神器"，也被视为日本传统人事制度的显著特征，至今仍被许多企业，特别是大部分制造业保持着。

"终身雇佣制"是指企业在劳动者达到预先规定的退休年龄之前对其进行持续雇佣的制度。即使是在企业经营困难时期，雇主也会"说服"工人用降低人均工资、"三个人的饭五个人吃"的办法来"共渡难关"。这一制度的主要优点，首先在于加强了员工对企业的信任感和忠诚度，使员工真正将企业视作了"家"；其次也使企业更愿意从长远的角度，加大对员工培训的投入。

"年功序列工资制"是一种把"资历工资"和"能力工资"结合起来的工资制度。年龄的大小和连续工龄的长短，不仅是决定员工工资高低的重要因素，而且是决定员工职务是否晋升的主要依据。在学历、能力和贡献大小相差不大的情况下，谁的连续工龄长，谁就会被优先提拔。日本企业界认为，用论资排辈的方法评估员工的工作成就，可以去掉许多评估中的不客观的因素，并有利于团体主义文化的形成和巩固。

　　"企业内工会"是日本工会组织的一大特征。其做法是只要是本企业的正式职工，不论工种如何都被统一组织在一个工会之中。由于日本企业一般采用终身雇佣制，所以管理者年轻时为该工会会员是极其普遍的现象。因此，经营管理者与工会成员大多彼此熟悉、容易沟通，这大大减少了恶性冲突发生的可能性。即使出现了矛盾，工会组织也容易把危机化解于萌芽状态，多数情况下不至于使矛盾复杂化。因此，"企业内工会"有助于劳资关系的协调和企业的稳定发展。

　　以这三大制度为基础，日本企业在人力资源管理的各个环节上均表现出较为明显的日本特色。

二、日本传统人力资源管理模式的演进

　　日本企业传统的人力资源管理模式是一种面向长期利益的模式，其优点是使员工具有安全感、团队精神和敬业精神，有利于企业的长远发展。但是，其缺陷也是明显的，尤其是重资历、忽视能力并且收入差距较小的年功序列工资制，在很大程度上抑制了年轻员工和中高层管理者的工作积极性和创造性。因此，进入 20 世纪 90 年代以后，随着世界高新技术产业的风起云涌，日本经济的衰退以及员工队伍的老龄化和劳动价值观的多元化，使得传统的人力资源管理模式受到了日益严峻的挑战，变革成了历史的必然。这些变革主要体现在以下方面。

　　①终身雇佣制有所动摇，雇员的流动化倾向加强。据有关统计，在 1994 年，采取终身雇佣制的企业约占日本企业总数的 98.8%，而目前已降为 54% 左右。现在企业职工主要由留用职工、合同职工和临时工三部分人组成。相应的，企业除了从学校招聘人才外，也开始注重从市场中招聘和吸纳中高级人才。

　　②从年功序列工资制转向能力主义工资制。据一项权威调查，目前，日本引进年薪制的企业大约占三成，并且还有继续上升的趋势。在研究开发成果的处理上，近年来也有不少企业一改过去强调企业利益而忽视个人权益的做法，加大了对在研究开发上有贡献的员工的奖励力度，实行了浮动奖金制，有的企业甚至提出"对科技发明的奖金上不封顶"。

　　③引进"多通路职业生涯系统"。自 20 世纪 90 年代以来，日本企业的低速增长和组织结构的扁平化改革，使企业内部的晋升机会大大减少，白领雇员过剩的问题日趋恶化。为了减轻雇员在职业生涯早期就产生的心理损害和与企业的疏离，很多企业将过去只有在管理职位上晋升这一条通路扩大为可以在多条通路上晋升，最典型的就是增加在技术方面功能性专家的晋升之路。同时，

不少企业通过倡导"自由的工作体系"（即弹性工作制）和给员工以挑战性的工作等方式，来提高雇员的工作满意度。

④在职工培训方面，从重视企业内"通才"的培养拓展到培训跨行业的"复合型人才"。尤其是对于技术人员，为适应技术高度复合化、集成化的形势，很多企业加大了综合技术培训的力度。有些企业还确立了国际化的培训目标，向职工提出掌握外语和提高处理国际经济事务能力的要求，并为跨国工作轮换创造条件。

三、日本现代人力资源管理模式

一方面，与美国和欧洲的人力资源管理模式不同，因为日本本身国小民寡的自然情况的制约，其人力资源管理模式更加强调对人力资源合理调配及利用。尽管第二次世界大战后，日本的经济模式受到了美式大规模生产的影响，然而其依旧发展着带有自身特质的人力资源管理与生产运作经营模式。其中最为典型的两例为：终身雇佣制与年功序列工资制（具体内容见前文）。

另一方面，随着日本第二次世界大战后经济的崛起，越来越多的带有日本特色的生产运作模式的专属名词宛如文化产品般被推向世界，而经连、改善及看板则是其中的代表。

①经连。顾名思义，经连就是将生产模式按照纵向或者横向的方式以银行或其他融资机构为核心排列组合成为一个生产集团。在这个生产集团中，集团的参与成员通常在一个专门的经营公司的领导之下。该经营公司引领集团成员之间通过长期的生产经营活动互惠互利，以取得更持久的发展。

②改善。改善即不断地持续发展。该项措施一直以来被诠释为日本企业成功的奥秘。它不仅强调提升管理者的自身素质，同时强调提高员工的能力，以便增强企业的长期持续竞争力。

③看板。看板也称看板管理，是丰田生产模式中的重要管理运营方式，即以及时生产的方式来控制生产流程中的各个环节，以便缩短生产系统中的流程，减少不必要的人力、物力、资源的损耗与流失。

概括来说，日本企业的人力资源管理重视富有人情味的、弹性的制度安排；组织结构上体现出含蓄的职务主义，更侧重于通过树立信仰，灌输价值观念，潜移默化地影响员工的行为，使其自觉地与企业目标和要求保持一致。同时，日本企业常实行工作转换制，鼓励职工在精通本职专业技术的同时，学习其他专业知识，从而有利于员工个人的全面发展。由此，日本企业员工的就业多非常稳定，更换工作的人数很少。即使经济不景气，日本企业也不轻易解雇工人，这就是闻名于世的"终身雇佣制"。终身雇佣制和年功序列工资制使日本员工有了归属感和安全感，例如，丰田公司的职工就经常自豪地说自己是丰田人。一般而言，日本企业模式在标准化、大批量制造技术变化不大的行业，具有相对较强的优势。

与此同时，强调群体意识和团队精神的管理方法在一定程度上限制了员工的独立性和创新精神。日本企业选拔机制的"内倾"性，易造成"近亲繁殖"，形成组织体制和管理体制的僵化。企业忽视市场在劳动力资源分配中的作用，过剩的劳动力不能在不同企业之间有效地重新配置，不能做到人尽其才。企业的就业政策使得许多日本公司机构臃肿，人浮于事，效率低下，给企业发展带来沉重的包袱，而且优秀人才很难脱颖而出，被压抑和浪费的现象极为普遍。特别是收入差别的缩小严重影响和压制了企业经理阶层的积极性和创造性。

第四节　外国模式对我国人力资源管理的影响

一、树立以人为本的理念

"以人为本"的管理原则在于重视人才。人力资源作为一种经济性资源，具有资本属性，但与一般的资本是不同的。事实上，人力资源是社会和个人投资的产物。西方管理理论经过上百年的探索，逐渐从"经济人"的假设演变到"社会人"的假设。从西方的管理实践已经证明，要实现管理硬件的更新是容易的，但是实现管理理念的更新非常困难。虽然企业已普遍树立人才观念，但还是很难落到实处。松下电器的创始人松下幸之助曾说过，松下公司首先是制造人才，兼而制造电器。这既是企业管理理念，又是企业文化。

企业文化是企业发展的凝聚力和催化剂，对员工具有导向、凝聚和激励作用。中国企业可借鉴日本企业对企业文化的重视，它们认为优秀的企业文化可以增进企业员工间的团结和友爱，激发员工的创造力，降低管理成本，使企业获得较高的利润。因此，企业应尊重人才、爱好人才，体现以人为本的企业文化，形成员工认同的、与社会共振的价值观，努力培植企业发展的人本文化土壤，实现员工、企业、社会的共赢。

二、制定人力资源发展战略

任何企业的发展都离不开优秀人才。企业要保证组织战略目标的实现，必须对组织现今和未来对各种人力资源的需求进行科学的预测和规划。在制定人才战略时要立足企业实际，创造性地借鉴国外先进管理模式。为此，首先要确定企业与员工间的关系，如是长期雇佣关系还是短期交易关系，或者兼而有之等；进而实施人才优化配置策略，是引入人才、内部提拔还是内外结合，要从宏观上进行人力资源的管理与配置。对所需特殊人才，企业可以借鉴欧美人力资源管理模式中的短期交易的做法，即可以通过人才租赁、人才借贷的方式吸收人才。这种方式可以开拓编制外用工渠道和解决高、精、尖、特人才之急。企业的人才策略一经制定，便要不折不扣地执行。

三、帮助员工确定职业

从国外人力资源管理模式中可以看出，帮助员工选择适合自己爱好和能力的职业和岗位是人力资源管理的关键一环，即帮助员工确定其职业锚。职业锚理论是由美国麻省理工学院施恩博士提出的。职业锚理论是指个人经过搜索确定长期职位，即一种职业选择理论，其由三部分构成：认识自己的才干和能力，这种才干和能力以各种作业环境中的实际成功为基础；认识自己的态度和价值观，这种态度和价值观以实际情境中的自我测试和自我诊断以及他人的反馈为基础；认识自我动机和需要，这种自我动机和需要以自我与组织和工作环境的价值观之间的实际状况为基础。

由上可知，职业锚是通过个人的职业经验逐步稳定、内化下来的，当个人面临许多职业选择时，职业锚是其最不能放弃的自我职业意向。

透过职业锚，组织获得了员工个人的正确的信息反馈，从而可以有针对性地对员工发展设置有效的职业通道。如果员工自身的职业需要得到满足，必然会深化其对组织的感情认同，于是组织与个人双方会相互深入了解，达到深度稳固的接纳，从而可以留住人才，又可达到直接提高工作效率和显著效益的目的。

四、注重情感管理

日本企业之所以成功的主要原因就在于重视情感管理。情感是联结管理者和员工之间的纽带。管理不仅是对物质生产的管理，更重要的是对有思想、有感情的人的管理。心理学家马斯洛认为，人有很多层次的需求，被尊重的需求是最基本的需求之一，当这种需求得不到满足时，便不会产生更高层次的需求，所以，就缺乏更高的职业动力。当员工深切感受到被企业重视和关爱之后，便会产生自我价值实现的高层需求，即员工会挖掘自己的潜能，全身心投入工作的创新中。所以，企业要为员工自我价值的实现创造条件，为其提供丰富的工作内容，以及晋升、加薪和各种继续教育的机会，激发员工持续不断的创造力。

管理学家库克指出，为激发员工的创作力，应该及时变化工作部门和研究课题，即进行人力资源流动。一些学者的研究结果也表明，一流的人才正因为流动频繁而思路开阔，有创造性，也说明人才只有在流动过程中才容易找到适应发挥自己才能的岗位和环境，从而激发工作的动力与热情。

五、建立有效的测评和激励机制

基于承诺的人力资源管理模式着眼于员工的发展，采用行为与结果导向相结合的方式对员工进行评估，以此为激励机制；基于控制的人力资源管理模式把绩效评估当作是对员工控制的手段，强调结果导向的激励机制。克利夫兰的研究表明，倾向于员工发展的绩效评估方法有助于员工未来绩效的提高，而且员工也会为了获得晋升机会而提高自身技能和进行经验总结。这是值得中国企业借鉴的。结合中国企业现状，建议采用以重视员工发展为主、绩效评估控制为辅的人才测评和激励机制。

美国哈佛大学心理学家威廉·詹姆斯通过研究发现，一个没有接受激励的人，仅能发挥其能力的 20% ～ 30%，而当他们受到激励时，其能力可以发挥至 80% ～ 90%。从国外人力资源管理模式中不难发现，无论是承诺型还是控制型都非常重视对员工的有效激励。中国企业应完善考核评价制度，促进人力资源价值的准确定位。完善人力资源激励机制具体包括薪酬激励、事业激励、学习激励等。

六、建立学习型组织

社会是在不断发展的，人是要不断学习的。从国外先进管理模式中可以发现，不论是引进人才还是内部提拔的人才，都是能够适应企业发展需要的人才。现今企业竞争日益激烈，科技变化日新月异，人才必须是适时的，即要不断学习才能与企业发展相适应。同时，企业管理人才和员工非常看重企业能否为其发展提供不断学习的机会。所以，企业应成为一个学习型组织。

管理学家彼得·圣吉认为管理之本是要建立学习型组织。这是最有竞争力的组织。所谓学习型组织，是指通过培养弥漫于整个组织的学习气氛，充分发挥员工的创造性思维能力而建立起来的一种有机的、高度柔性的、扁平的、符合人性的、能持续发展的组织。这种组织具有持续学习的能力，具有高于个人绩效总和的综合绩效。善于不断学习是学习型组织的本质特征。学习型组织强调以下内容：强调"终身学习"，组织成员要养成终身学习的习惯；强调"全员学习"，企业组织的决策层、管理层、操作层要全身心地投入学习中去，尤其是经营管理决策层，他们是决定企业发展方向和命运的重要阶层，因而更需要学习；强调"全过程学习"，学习必须贯彻于组织系统运行的整个过程之中；强调"团体学习"，组织成员要善于合作学习，进行群体智力的开发；强调"相互学习"，组织成员间要彼此相互学习。

第四章　大数据时代人力资源管理创新策略

本章内容是大数据时代人力资源管理创新策略，主要从以下五方面进行了介绍：大数据时代概述、大数据时代人力资源管理的发展、大数据时代对人力资源管理的影响、大数据时代人力资源管理存在的问题以及大数据时代人力资源管理的创新应用。

第一节　大数据概述

一、大数据的概念

大数据，首先是一种信息资料（有时候可以将其定义为信息资产），由于其资料的巨量性特征，人们只能运用新的处理模式，才能从中得到有效信息以便数据应用者做出更高效精准的决策。学者维克托·迈尔及肯尼斯·库克认为，大数据是全局性数据分析，必须进行整体处理而有别于传统的抽样调查。学者阿尔文·托夫勒将大数据阐述为崭新的信息技术运用。由于互联网的普及，世界上的信息量呈指数上升，因特网上的数据量也在高速增加，自 2009 年开始，由于信息化技术的提升，大数据已经广为人知。

二、大数据的特征

（一）数据量大

在大数据时代，数据规模海量，甚至可以到 PB 级别。小数据以 MB 为单位计算，但在大数据时代，计量单位以 TB/PB 为单位计算。现代企业在经营过程中的交易行为、用户互动行为等方面产生的大量的数据正在呈现大规模增长。目前，大数据的体量范围从几十 TB 到数 PB 不等，是一个不断变化的指标，而存储 1PB 的数据大致需硬盘配置为 50GB 的个人电脑两千台。不仅如此，这些数据来自各种意想不到的渠道。

（二）数据类型多样

大数据的数据类型繁多，既包含格式统一的结构化数据，又包含视频、音频、网页日志、浏览足迹等非结构化的数据。在小数据时代，大部分的数据都可以通过二维结构来逻辑表达，他们内存较小，便于存储。但是在大数据时代，一些不方便用数据库二维逻辑来表现的非结构化数据，比如文档、文本、报表、音频、视频，也可以存储下来，创造价值。因此，大数据存储的数据既包含结构化数据，也包含非结构化数据，数据类型更为繁多，种类更繁杂。

（三）数据高速流动

数据高速流动，即数据创建和移动处理的速度快。在高速网络时代，实时数据流已经成为一种流行的趋势，通过高速的计算机处理器和服务器的软件性能的优化实现。企业既需要了解如何产生数据，还要知道如何处理它们，以获取客户的需求信息，并进行及时反馈。这对数据处理的要求很高。在大数据时代，数亿级别的互联网连接设备，对数据实时处理要求极高，更需要数据能够快速实时动态更新，因为通过传统数据库查询方式得到的"当前结果"很可能已经没有价值。

（四）数据价值巨大

数据价值巨大，即大数据可以带来巨大的商业价值和社会价值。在大数据时代，数据种类和数量变得多了，单个数据的价值密度降低，但整体上带来了巨大的商业价值，数据之间的关联性支持深层次的数据挖掘，可以为人们对未来、对行为模式的分析和预测提供可参考性的依据。

三、大数据的技术

（一）数据的收集

技术的进步，使得数据的收集方法通常受限于研究者的想象力，而不是技术限制。事实上，其中一个关键的挑战是"创造性思考"如何建立大量观测资料的详细数据。帮助克服这一挑战的大数据收集方法包括传感器、网络抓取、网络流量和通信监控。

使用传感器或智能穿戴设备可以连续收集数据。一方面可以在自然状态下自发地收集数据，另一方面允许在长时间段内收集数据。可穿戴传感器可以用于收集物理接近的数据。网络抓取允许从网站自动提取大量的数据。在谷歌、百度等主流搜索引擎安装数据抓取的插件可进行网络抓取。通过网络抓取可获知客户需求、关注点等方面的信息。此外，员工之间的通信数据也可以进行收集，包括通过内外部网页、电话和电子邮件等方式产生的数据。

（二）数据的存储

大数据需要大的存储容量，通常会超过常规台式计算机和笔记本电脑的容量。人们可以从各种来源的数据中提取感兴趣的单元进行分析，一般有两种方法：根据数据的大小定制存储方法；连续更新和存储感兴趣的变量，同时丢弃与研究无关的信息。当人们研究的问题和需要的数据定义非常清楚时，则不需要存储所有可用数据，可以在新数据进入时连续地更新感兴趣的变量，然后仅保存更新的变量而不保存完整的新信息本身。当新数据变得可用时更新感兴趣的变量，而如果感兴趣的变量是已知的，则丢弃新数据本身。

（三）数据的处理

大数据特征之一的数据多样性使得数据可能包含非结构化和半结构化数据，这类数据用传统的数据处理软件已无法解决问题。例如文本数据的处理。社交媒体、电子邮件对话、年度报告均可产生文本数据，它们可以用于理论测试、验证假设和理论发展，开发新理论。在理论发展中，探索数据，重点放在那些与讨论和分析的变量相关联的数据上。对于需讨论和分析的部分，首先需自动化单词出现的次数；然后删除标点符号将所有文本转换为小写，删除非文本字符等；最终确定所有要讨论的部分中有唯一的字集合，并计算它们出现的次数以及长度。其他非结构化的数字的数据来源包括音频、图像和视频。这些数据需要通过新的技术来提取数字信息，比如人的情绪数据，可以通过数值尺度表示。

（四）数据的分析

伴随大数据时代的到来，人们对大数据的认知已经区别于小数据，无论是数据的存储还是数据的处理，都已经是小数据时代无法解决的问题了。小数据分析强调对特定业务问题的描述，找到因果关系，技术基础的关键是算法的更新和开发，数据的价值明显和精确；大数据分析重在涵盖全体数据，强调相关关系，技术基础的关键是存储和计算，从数据噪音中提取隐性和潜在价值。

（五）报告和可视化结果

在报告方面，大数据的多样性使得重要的是清楚地描述所使用的不同数据源，强调报告的完整性。关于数据分析，在处理大数据时，统计意义变得不那么重要，样本的大小对于因变量来说非常重要。大数据除了统计显著性之外，还需关注变量的效应大小及其样本外性能。贝叶斯统计推断可以提供一个解决方案，因为它假设数据是固定的，参数是随机的，不像频率方法，它假设数据可以重采样。

在应用变量选择的方法时，重要的是描述所使用的方法，特别是如何调整模型。因为不同的方法可以得到不同的结果，鼓励尝试多种方法来显示结果的稳健性。在理论测试中，需要很清楚使用哪些变量，这些变量通常可以以不同的方式操作。此外，包括控制变量的数量和方式可以开放讨论。

三、大数据的理论基础

在人力资源管理信息化中使用大数据必须要有特定的理论承当基石，本节在其理论上的探讨包含多个层面，主要从大数据分析研究、管理信息化和云计算等层面展开。

（一）大数据分析研究

1. 可视化分析

可视化分析是指以可视化手段对大量数据进行相互分析。在进行数据分析时，受资讯分散性以及非统一数据构造的影响，再加上人工分析占据核心手段，且分析过程缺乏结构性和稳定性，这就导致分析流程、模式无法明确，进而使得应用系统获取数据较为困难，阻碍了后续的挖掘和处理分析。而可视化数据分析平台的搭建有效解决了这一难题——以可视化手段通过人工实现关联分析。数据可视化的本质是建立在服务为中心的指导基础上的研究系统，具有综合性、独特性等特征。这一理论概念最早出现于 15 世纪，到 20 世纪之前都未能得到良好发展。随着电子计算机的出现和更新，这种指导思想重获新生。随着"大数据"的持续推广和应用，可视化分析这种高效的图形载体使得人们对非简易型数据的分析和理解更为简洁，能够有效辅助数据信息的应用、预测以及人们的工作决策。

2. 预测性分析

分析和预测是大数据应用的最终目的，实现这一目的必须建立在具有有效性、可靠性数据源的基础之上。人力资源管理所需的基础数据主要分为内外两个收集部分，主要包括市场环境影响因素等内容。通常内部数据具有较好的精确性，但在采集与应用方面则缺乏简洁性。除数据源这一支撑外，专业级的分析软件以及大数据专业分析人士都是预测性分析法的重要支撑。大数据预测分析主要以较为繁杂的建模、统计以及分析为核心内容，辅助数据应用方觉察并总结出一定的规律，进而指导企业商业运营的进行。此外，这一方法还普遍实践于零售商、B2B、B2C 等领域。

3. 数据质量监管

数据质量监管通常涵盖三个层面：一是将用户的满意程度作为重要指标，充分发掘用户需求，同时忠实对数据质量进行优化；二是搭建起相应的数据质量管理框架，主要采用系统化建构的模式，以此实现管理者全方位的质量监控；三是数据质量拥有维度特征。及时性、适用性等性质特点为非特殊型数据所具备，且对质量是否优质通常采用相对判断的方式。实际情况中对数据进行质量管理时要注意准确定位使用方对数据应用的内在需要，并在此基础上进一步实现科学合理的质量决策。

（二）管理信息化

管理信息化主要指的是应用智能帮助道具（当代主要是指计算机），以管制方式和程序为基础成立的信息化平台，从而实现管控效果的深层优化。对信息化流程进行定义需明确其具备能够对信息进行收集、加工并予以应用的功能，并且企业在进行管理时要打破思维定式，使得信息化概念与战略目标相辅相成，从而获得最优效果。采用升级管理与生产经营的方式逐渐完成企业向信息化管理模式转换，同时对现有所有资源实行全方位汇总优化使其优势充分发挥，进而实现企业在管理与生产经营等方面的能力得到稳步提升，竞争能力增强。

管理信息化对企业的成长有极大的促进效果，多表现在下面的六个层次：趋近最高限度地减少管理人员的工作压力；有效促进相关工作的效率得到提升；促使工作流程与模式得到全面优化，提高规范程度；初步推动国民经济信息化工作有序开展；为企业提升自身竞争水平提供动力支撑；使得企业税务会计脱离财务会计实现完全独立。

（三）云计算

最早涉足云计算领域的研究机构为麦肯锡，该机构于 20 世纪 60 年代就致力于将计算能力投入公共使用，与水、电等日常能源的供给具有相似性质。通

常认为云计算不应划归为新技术范畴，将其认定为经过新型优化后的交付模式更为准确。云计算主要由分布式处理经由并行处理最终形成网络计算模式演变而来，以互联网为媒介，通过虚拟计算机集群资源实现数据处理。云计算具有高度安全、动态可扩展等优势特性，是一个包含众多计算机资源的共享池。此外，凭借高水准的储存和计算能力，云计算在节约企业投入方面具有良好效果。

美国国家标准技术研究院将云计算支付费用的方式定为量的多少，通过此种方式，使得网络访问具有便捷性、可用性，且可依据需求进行选择。这促使对资源共享池中如存储、服务、网络等计算资源的提取变得便捷高效，并且有效减轻管理工作的压力，也无须与服务供应商频繁交涉。云计算的本质是指通过对掌握的所有高品质资源进行整合，对数额庞大且具有应用价值的数据进行处理。通过这种信息与技术的共享为生产、生活提供支持。

第二节　大数据时代人力资源管理的发展

在大数据时代，人力资源管理工作需要面对企业招聘环境和培训方式的改变，以及人力资源管理方法的改变。

一、企业招聘环境的改变

大数据时代下，企业的人力资源招聘工作不再局限于传统的管理模式，更多的是通过互联网技术进行管理，这是对传统人力资源招聘的一种改革。由于传统人力资源招聘受到局限性的影响，不利于企业的长远发展，因此需要对其进行创新。而大数据技术有效地改善了这一局面，企业可以通过网上招聘寻找到更多的优秀人才。另外，大数据环境下企业招聘可以依靠人才资源库，通过输入人才招聘需求，利用大数据分析筛选直接发布面试邀请。除此之外，企业人力资源招聘管理利用大数据技术还可以实现对人才数据的收集、整理、处理，实现人才的深入挖掘。

二、企业培训方式的改变

在大数据时代下，企业的培训模式也发生了变化。传统的企业培训缺乏精准性，无法实现企业对员工的真实需求，培训工作流于形式，培训效果不明显。而大数据时代下企业的培训工作需要对员工的日常数据信息进行收集，分析员工的学习需求，从而制订对应的培训方案，使培训更精准和高效。

三、人力资源管理方法的改变

企业传统的人力资源管理工作，常由于管理工作的疏漏导致员工的潜力不能充分得以挖掘，甚至可能打击员工工作的积极性。在大数据时代下，通过企业对于员工绩效考核的科学性分析，可以保障员工竞争环境的公平、公正。同时大数据环境能对员工进行合适岗位的匹配，一定程度上激发了员工工作的积极性。

第三节　大数据时代对人力资源管理的影响

大数据理论的核心观点有三个：一是相关关系；二是预测性；三是一切皆可量化。如果可以将这样的核心观点同人力资源管理战略结合在一起，对人力资源从业者来说就如虎添翼。将"大数据"的理论应用于人力资源领域的方法，简言之，即把人力资源管理工作的每一步都建立在客观数据分析的基础上。具体来说，就是通过对数据的统计、整理和分析，找出影响企业人才效能的规律和原因，以便制订与企业发展相适应的人事决策策略，提高效率。

总而言之，在人力资源管理领域中融入大数据的思想，能够在人才甄选、人才保留、人才应用以及人才培养方面起到持续的有依据的推动作用，并且可以对企业未来人力资源的走向进行科学的预测和分析，以便全面促进企业人力资源部门工作效率的提升。两者结合给人力资源管理带来的影响和作用如下。

一、大数据应用使企业人力资源管理互联网化

大数据的核心要素之一便是数据量庞大，海量的数据规模是大数据分析的前提。而企业单方面产生的内部可以存储的数据并不足以支撑"大"的要求，故将企业内部的人力资源管理系统同外部网络进行有效联动，形成数据库。这一方面拓宽了人力资源管理系统中的数据来源，使企业获得更多可参考的数据；另外一方面又可以将内部数据同外部数据做一个有效结合，便于人力资源决策更加精确。比如，将员工通过外部社交软件产生的信息同人力资源管理系统进行联动，便可通过内外部数据的结合，判断员工低绩效原因、稳定性等内容，以便进行有效的员工关怀或者激励。人力资源管理互联网化在给企业带来便利的同时，同样也给企业的人力资源管理系统带来了更大的挑战和要求，既要求系统有可支撑的存储空间，又要提升该系统的信息采集能力，还要生成科学有效的算法以及数学模型，去实现数据的计算和分析。故大数据使得人力资源管

理互联网化，既是一种必然，也是一种挑战。

二、大数据应用为人力资源工作提供全面量化依据

利用"大数据"的分析方法，复杂的人力资源系统可以收集到大量信息，这些信息有行为方面的信息、视觉方面的信息、语音视频方面的信息……当这些信息汇总整合在一起，进到数据库，便可以实现组织人事工作的全面量化。通过对这些量化的数据建立合理的算法进行反复的深度挖掘，便可以真正体现所谓的人力资本的概念——这个时候人力资源不再是一种信息资本，而是一种可以帮助企业持续有效运转的人力资本，是一种可以为组织发展提供战略预判能力的营运资本。

三、大数据应用为企业管理及员工服务创造更加有利的条件

在大数据时代，人力资源信息系统不再仅由人事部门和信息网络部门主管维护和应用，而是更向普通员工靠近。打破传统的层级式汇报的组织模式，员工既可以与企业管理者之间通过社交软件或平台互动，产生更多的交互性数据，创造更好的工作氛围；也可以参与到组织的人力资源管理工作上，对企业在发展和经营过程中的现状和问题给予更多的建议或意见，促进相关部门建立更加规范的制度和流程。这种扁平的沟通可以打破部门壁垒，促进部门间的协作，提高工作效率。同时，人力资源部门以及部门管理者还可以通过这些信息的反馈和互动，优化组织结构，给予员工更多更及时的关怀和服务，调动员工工作积极性。

四、大数据应用能建立有效的人才数据管理模型

在互联网时代，技术的更新使得人与人之间的链接更加简单和直接。在这样的一个时代，人才的能力、特质、行为都可以用数据来描绘和衡量，员工的大脑不再是信息的载体，而是演变成可以随时调用的数据，人才的核心竞争力已然异化，数据这一核心资产日益被重视。当人们把这些无处不在的信息录入电脑终端存储为数据，并建立有效的人才数据管理模型，分析和导出结果，大数据便为人力资源管理创造了巨大的价值。

20世纪以来，计算机网络技术飞速发展，大数据应运而生，数据不再是单纯的数字或者是信号，而是被赋予生命活力的一种语言。2008年是国外大数据技术发展的一个关键时间点，人们逐渐将研究的视角转向大数据应用方面，

比如其在电子商务、市场情报、电子政务、社会安全、医疗卫生等方面的应用，一些大的互联网企业也在前人研究的基础上开始关注大数据领域，对大数据的发展起到了推动作用。当然，"人"作为一个重要的生产要素，越来越多地被管理者所重视，人力资源部门的重要性也日益凸显，在大数据时代背景下，企业的人力资源工作者们也自然地开始关注大数据在人力资源领域的应用。

国内对于大数据的研究起步晚于国外，但互联网浪潮势不可挡，国内一些大的互联网企业引进国外的先进经验，并投入大量的精力和资源研究这一方面的应用。目前，大数据在人力资源管理领域的应用，还有很长一段路要走。以下是大数据与人力资源结合大致会经历的四个阶段。

①反应阶段。这一阶段主要是收集和呈现各类数据，关注点是一些用来解释如何进行人力配置、衡量工作群体状况的数据，如绩效数据分布、招聘成本、员工基本信息、离职率、培训时长等。这些数据可以用传统报表做基本运算。

②主动阶段。这一阶段主要是以数据分析为主，关注点是流动率、研发效率、人均销售收入、人均人事费用率等。这些数据可以用来比较和改进人力资源管理，展示趋势和进行分析。

③战略阶段。这一阶段是以数据与战略相连接为主，主要关注点是：理解战略驱动因素；建立战略与人力资源的联系；建立战略驱动的人力资源能力素质模型。数据多用来进行数据切割、聚焦业务、因果分析。

④预测阶段。这一阶段主要是以预测为主，关注点是：通过数据模型的运用，对员工空缺、绩效差距、技能提升等方面的数据进行识别，发现未来的潜在风险；基于环境变化预见组织结构和能力的需求变化；识别现在和未来的人才风险；有助于变革商业以及阐述未来。

数据分析可以帮助人做出科学决策。然而，在注重感性判断和人情关系文化的中国，目前在大多数企业中，尤其是传统中小企业，并未意识到数据化分析的重要性，多数决策和判断还都是通过企业决策层凭直觉或经验而做出的。大数据的发展近两年，互联网技术的发展、共享经济概念的提出，开始有一些互联网企业意识到量化客观思考的重要性，逐步进入第一个反应阶段。也就是说，大数据在人力资源管理领域的应用还是一片蓝海。大数据技术虽然不好掌握，但是其带来的数据客观分析的思想可以被使用和借鉴。

第四节　大数据时代人力资源管理存在的问题

大数据思想应用在人力资源领域尽管可以带来巨大的价值，有可能为企业运营绩效的改善带来非常大的促进作用，但是仍然面临着许多问题。数据的获取、保密、建模、结果……每一个环节都面临着风险和有待进一步探讨的空间。以下是大数据时代人力资源管理存在的主要问题。

一、大数据技术应用条件不足

大数据的特征之一是数据的庞大，数据规模达到以"TB"为单位，这样大容量的数据很难通过传统的软件工具进行分析和运算。在中国，中小企业居多，组织规模并不大。即便是人员规模达到1万的企业所产生的人力资源方面的数据，最多也只能达到"GB"的数据量，与大数据定义要求的"大"的规模相差甚远，况且"GB"规模的数据通过基础数据分析软件的计算能力便可以解决，并不需要涉及大数据的技术。因此本章所说的大数据在人力资源管理中的应用，也只是把大数据的量化思想应用到人力资源管理中，为人力资源决策提供科学的参考依据。

二、大数据技术对工具的要求高

大数据的大数据量直接导致的后果包括程序响应时间延长，系统资源消耗增加等。当数据量超过程序设计规格之后，现有业务逻辑有可能崩溃，程序无法运行。相较于小数据时代，大数据对信息基础平台的完善性要求更高。而现实情况是，现有的大多数企业信息系统架构并不能支撑这一要求。中国大多数企业的信息化建设，大部分停留在对信息技术的简单应用上，并没有充分挖掘数据的巨大价值。同时，受到国家政策保护的中国企业一方面缺乏自身危机意识，并不重视企业的信息化建设，另一方面对数据的重视性不够，造成大多数中小企业管理成本高而效率低下的局面。

三、存在相关数据的安全隐患

在大数据环境下，互联的信息系统构建了一个息息相关的生态圈。企业在获取信息的同时，也面临着信息泄漏的风险，如企业商业机密的泄露，敏感数据被随意使用和共享等。可随意共享的数据自带安全性属性，如何保证数据在传递过程中不被泄露和窜改是信息安全管理工作的核心。尤其是员工核心信息汇集的人力资源领域的数据，需要企业在进行信息化建设时加强控制和管理。

四、人力资源数据分析人才缺乏

2015年对全国人力资源从业者现状调查报告显示：企业人力资源从业者的学历集中于本科和专科；人力资源业务伙伴（HRBP）、目标与关键成果法绩效考核（OKR）、人力资源大数据是最受关心的三个话题；服务个性化、需求细化以及数据化是人力资源发展的三个大的趋势。超过2/3的人力资源从业者渴望提升自身专业度，越来越多的企业管理者希望人力资源部门可以成为真正的业务经营的战略合作伙伴。

人力资源工作者如何用数据说话，通过数据看透管理本质，为企业提供科学有效的人力资源管理综合解决方案是人力资源部门实现自身价值的关键。在中国，对企业的管理和运营进行数据分析的企业尚且不多，更不用说对人力资源管理进行数据分析了。由于各方面因素的限制，大部分的人力资源工作者对数据敏感度不高。懂数据分析的人才有很多，懂人力资源管理的人才也有很多，但是懂数据分析的人力资源工作者很稀缺。大数据时代的到来，使得一些人力资源工作者意识到数据的作用，但究竟如何获得这些数据，并将这些数据整合分析应用到人力资源决策中，一切都还处于规划和探索的阶段。

五、推动大数据走进入力资源管理存在困难

企业人力资源部在推动大数据走进入力资源管理方面还存在一定的困难。硬件条件已经不是产生这一问题的制约因素，关键在于软性因素上面。其主要原因如下。

①部门间的博弈。人力资源部想建立大数据平台，就必须将业务系统与人力资源信息系统整合在一起，于是企业的所有数据将半透明化，业务部门便失去了和人力资源部门在人事管理方面谈判的资本。因自身的权利空间将被挤占，业务部门很有可能以安全性为由拒绝连接。

②人力资源部门面对角色转变的信心不足。虽说人力资源部门对于数据的处理能力有利于提升其在企业经营中的话语权，但是实际中却常常畏缩不前。这一方面由于他们缺乏这方面的人才和能力，另一方面企业外部环境的不可预测性，使得这种角色的转变或是机遇，或是危险。对一些人来说，与其去面临不可知的困难，倒不如保持原有状态更加安全。

③领导思路没有转变。当前中国企业环境下，多数企业老板因自身的局限对数据不够重视，即便是一些处于数据前沿的互联网企业。在这些企业中，一线业务人员尚且不相信数据，更不用说处于后方的人力部门。但是，一个企业的经营思路必然依赖于经营者的全力推行，如果经营者没有这样的思路和远见，人力资源工作者要想推动大数据走进企业人力资源管理更是难上加难。

第五节 大数据时代人力资源管理的创新应用

一、人力资源工作量化

大数据带给人们的第一个大的思想冲击便是一切皆可量化。招聘候选人的基本信息、阶段性员工的绩效评估及考核、潜力人才的测评、培训等各个环节都将产生各种类型的数据，这些数据都可以成为人力资源工作者可分析的源头。对人力资源工作来说，可用于分析的数据大致分为以下几类。

（一）记录个人信息的原始数据

记录个人信息的原始数据指那些被数字化的能够真实反映员工本真素质的"个人信息"。这些数据记录了员工各方面的原始能力，如工作年限、学历、离职率等信息，它们一方面反映了员工的个人素质以供企业在招聘时进行客观参考，另一方面反映了员工的成长轨迹可作为企业做出人才发现和培养的判断依据。

（二）再现培训情况的能力数据

原始数据并不足以说明员工在现阶段的胜任能力，最多反映其在进入新岗位之前的能力水平。因此，人力资源部门还需要掌握能够量化分析员工能力水平的数据，如员工职前职后培训情况、职业生涯规划、技能提升、后备人才计划、团队活动等相关信息。能力数据具有动态特点，既可以作为人才招聘和甄选的前提，又能够为员工技能提升和潜力发展指明方向。

（三）反映工作结果的效率数据

绩效数据便属于这一类数据，它能够直观反映员工工作的结果。这类数据因企业采用的考核方式和过程的不同而不同，但也是众多人力资源领域数据中与企业经营效果直接产生化学反应的数据。这类数据在企业问题诊断、人才发展储备及企业经营效率等方面有着其他数据无法替代的作用。

（四）预示发展前途的潜力数据

这类数据同上述元数据不同，它是经过计算处理加工后的数据，如收入的涨幅、业绩提升率、人才测评数据等，它们是动态发展的，随着员工能力的变化而变化。潜力数据可以作为企业优秀人才匹配度测算的依据，能够反映员工潜力的发展状态，客观展现员工的工作效率和成果。

二、人力资源管理大数据创新应用

从上文的数据类别可以看出，大数据数据化分析的思想可以应用在人力资源管理的各个环节和程序中，本节重点研究了大数据在以下几个方面的应用。

（一）人才招聘与甄选

目前大多数企业的人力资源部门在进行员工招聘和甄选时，招聘人员先在甄选前与一线用人部门进行一个简单的需求沟通，然后根据用人部门的要求，人工筛选简历，审核候选人资质与岗位的适配度；对通过初选者进行面试邀约，考察面试人的表现与简历描述的一致性，以此判断候选人的表现和岗位需求之间的匹配度；接下来同业务主管一起就候选人的表现进行评价沟通，在薪酬设定环节也通过在面试者的期望、面试过程中的主观判断以及岗位预算三个角度之间去平衡，最终确定人选，给通过者录用通知。每个环节和过程都可能带有主观性，缺乏有效科学评估。而大数据思想令人力资源从业者准确聚焦"事实+依据"，为企业人才选拔创造了思维方式的飞跃，选人变得更加客观、准确、简单。因此，企业可以通过大数据将应聘者的简历整合在一起，从这样的数据中抽解出适合某一岗位的理想候选人的数据，映射到本岗位的人才素质能力模型上，形成具有企业烙印的个性化候选人画像。在进行招聘甄选的时候，结合应聘者在社交网络上的兴趣与行为数据，根据合理的算法模型，直接、精准、高效地筛出与岗位最匹配的那个应聘者，提高招聘效率。对于中小企业来说，即使自身无法建立完善的大数据架构和使用成熟的大数据技术，依然可以通过数据化分析的思想来优化和提高招聘的效率。企业可以通过对内部员工的数据进行分析，建立能够实现企业目标的员工信息模型（如行为特征、高绩效表现、态度和价值观表现等），通过绩效数据和其他数据建立相应算法，并剔除可能出现的多重线性错误的问题，验证候选人的特质与模型的匹配程度，以此迅速筛选出可能适合企业的候选人，减少招聘过程中的主观臆断，提高招聘的准确度和效率。

（二）人才考核与激励

多数企业是拥有大量的人力资源数据的，如基础信息数据、考核结果数据、员工异动数据、人才培养数据等，但鲜少有企业去挖掘数据背后的价值。若企业可以整合这些数据，同时结合行业数据进行分析和预测，则可以帮助企业实现人力资源效能最大化。大数据可以通过分析外部市场和行业的薪酬水平，结合企业的经营数据，预测企业的发展态势与薪酬涨幅之间的关系，建立完善合理的薪酬激励制度，并测算候选人薪酬期望的合理程度；还可以通过建立与企业经营状况有关的数据算法，找到员工绩效提升的突破点和原因，建立合理的激励政策和制度，刺激员工实现高绩效，提高个人的绩效表现。同样，即使企业自身对大数据技术无法实现应用，数据化的分析思想依然可以应用在其人才考核与激励方面。

根据管理的"二八原则"，企业80%的利润是由20%的优秀员工创造的。人力资源部可以通过对20%优秀绩效表现的人才特质进行分析，找到产生高绩效的原因，建立高绩效人员素质能力模型，给予与实际工作相匹配的薪酬和绩效激励；分析低绩效人员与高绩效人员之间的差距，找到绩效差的原因，客观公正地评价员工。对于造成绩效不佳原因中的主观因素（如意愿），可以通过设定合理的考核和激励予以刺激，以产生高绩效；对于非主观的因素（如性格），可以提供转岗的机会，把合适的人放到合适的岗位上，以此实现人才效能最大化。

（三）人才保留与发展

人才是企业发展的核心竞争力，尤其是在外部环境变化如此快速的今天。大数据技术可以为企业保留人才提供预见性。它可以对人才指标体系进行量化分析，将定性与定量结合，进行科学有效的预测，找到最适合企业发展和最容易适应企业的人才，通过系统的人才测评，帮助决策者发现潜在关联，实现人才最优配置。同时，企业还可以通过大数据挖掘分析员工在社交网站上的行为数据，通过合理的算法，预测员工离职倾向，提前采取行动，制订留住员工的针对性解决方案，以便降低员工流失率和空岗率。

同样，对于大数据应用条件不成熟的中小企业来说，数据化的分析思想依然可以应用在人才保留与发展上。企业可以通过发展性数据和绩效数据建立岗位所需基本技能和能力模型，为新员工制订个人职业发展规划，提供针对性的培训计划；通过分析员工能力测评数据与岗位高绩效技能模型要求之间的差距，制订个人针对性的发展计划，让培训更加有针对性和效果；通过合理的测评数据，分析人才发展现状，建立人才池，让人才梯队建设更有依据。

总而言之，数据化分析的思想可以应用到人力资源管理的各个领域，只要有数据产生就可以进行有效分析，而这种客观有效的分析，可以为决策提供客观的依据，提高人力资源部的专业性和工作效率，增强其说服力和影响力，为企业的人力资源决策和业务发展提供一份有力的支持和保障。

三、大数据时代企业人力资源管理应用的方法

进入 21 世纪，互联网的普及以及计算机技术的发展，使得大数据在国内成了一个热门的研究领域。人力资源从业者也不例外，越来越多的互联网企业开始在这一领域投入大量的资源去研究。但是，目前基于大数据的人力资源管理大多还比较宏观，有待进一步具象化。人力资源管理者从"事务操作型"向"专家职能型"转变的同时应具备更专业的管理技能、数据化分析能力以及业务战略前瞻的眼光，以此来推进数据化人力资源管理工作的落地。即便是国外技术先进的谷歌公司和国内处于行业标杆地位的腾讯集团目前也处在探索过程中，具体而全面的部署与实施工作还需要不断完善。当然，大数据带来的不仅是技术上的创新价值，更重要的是其给人们带来的思想上的冲击。相较于国内大部分的企业管理者基于"主观经验"的决策，由大数据衍生出的"一切皆可量化""相关关系""预测"这三个核心思想，使决策更加精准地基于"数据事实"，从而更具说服力和高效性，这也是近年来大数据的研究集中在实践应用领域的主要原因。

（一）大型互联网企业的应用

对于人员规模超过 3000 的互联网企业来说，相对符合大数据应用的基础条件。对这样的企业来说，数据规模较大，有能力雇用高级别研究人才。在企业资源投入和人才储备方面可以满足大数据研究的要求的基础上，便可以从以下几个方面实施大数据在人力资源管理方面的应用。

1.组建多元化大数据人才团队进行大数据研究

这样的团队成员应该包括人力资源专家、精通业务的专家、信息技术专家、数据工程师等复合型人才。

2.构建大数据平台，链接效能

大数据的应用并非把人力资源领域当中的数据统计在一起，而是建立一个包括数据的产生、存储、清理、挖掘、建模、验证等全过程的技术处理的平台；同时，这个数据处理的结果是为了问题的解决，推动人力资源管理的持续改善，

因此需要充分链接人力资源领域的各个模块，乃至业务经营层面、管理层面和员工层面。

3.价值创造体现在对人力资源领域的预测和决策牵引的作用

大数据的价值之一便是对人力资源领域相关事情的预测作用。一方面数据的质量直接决定结果是否有价值，另一方面通过数据领域的规划和大数据技术的处理，找到规律，提高数据的预测性，实现前置管理。

（二）中小型企业的应用

对于大多数中小型企业来说，3000人以下的规模使得数据体量不够，无法利用大数据进行分析与管理。一方面大数据技术对小体量数据的处理和分析相较于传统技术方法来说不一定高效；另一方面大数据研究所需要的概念、设施和人才上的成本非常高。基于上述两点，对于大多数中小企业来说，进行大数据理论的实践难度较大，因此目前市场上大数据方面的研究也是呈现出"概念很火，落地困难"的尴尬局面。然而，在大数据时代，中小企业的管理也受到了冲击，虽然大数据技术难以在中小企业实施，但是大数据的思想依然为中小企业的管理带来了一股新风，越来越多的中小企业考虑在这一领域有所革新。

对于中小企业来说，大数据在人力资源管理领域的应用可以从以下几个方面入手。

①借鉴第三方大数据公司共享的数据结果为人力资源决策提供参考。通过将第三方共享的大数据结果作为参考，结合本企业人力资源领域中的数据进行对比分析，找到适合本企业的合理的人力资源策略，并进行决策。②"一切皆可量化"，人力资源领域也可以进行数据化管理。人力资源领域会产生各种各样的数据，对这些数据可以进行有效的统计和数学分析，可为决策提供量化依据。③找到这些数据的潜在规律，进行相关性分析。聚焦于想要解决的在业务经营过程中与"人"有关的问题，从人力资源领域的数据库中抽出历史的与要解决的业务问题有关的大量数据，进行相关性分析，找到规律，抽出相关特质，留作决策参考。④可进一步根据分析的结果，形成与"人"相关的画像，进行预测。通过相关性分析找到的规律，形成画像，并以此为标杆，预测事情的发展或者人才的潜质，进行基于"数据和事实"的决策，提高决策质量。

基于上述方法，对中小企业来说，大数据思想的应用不再遥不可及。这样不仅实现了人力资源数据化管理，还为中小企业大数据应用提供了很好的落地实践，提高了企业人力资源管理领域的决策质量和人力资源从业者的话语权。

第五章　人力资源优化管理与创新实践案例

本章内容是人力资源优化管理与创新实践案例，主要从以下三方面进行了介绍：人力资源优化管理、人力资源优化管理实践案例和人力资源管理创新实践案例。

第一节　人力资源优化管理

一、人力资源优化管理的重要意义

企业如果想要进行人力资源管理的优化，就要通过完善、高效的人力资源工作，张扬的服务精神以及更新观念等方式，让企业的员工得到满意。也只有这样，才可以从根本上提高企业的竞争力，最终实现企业发展的战略目标。人力资源管理的优化具有重要意义，具体体现在以下几方面。

（一）节约资金

对人力资源管理进行优化，不仅减少了不必要的经费开支，而且提高了员工的生产产出率，可看作人力资本投资。

（二）调动员工积极性

对企业人力资源管理进行优化可以使企业的职能部门数量及级别大大压缩，以专业技术组织的职能部门仍将存在，但部门之间的"边界"将大大淡化。部门经理通常只是制订战略、培训及管理人员，员工则直接服务于顾客，而不是"上司"。在运作中，每个人可以根据自身特点选择自己的发展方向，团队氛围积极向上，内耗减少，员工工作积极性提高。

（三）提升企业竞争力

企业的核心竞争力，直接影响到企业的发展和生死存亡。企业人力资源管理的优化，可以有效配置企业人才结构，提高员工素质和管理效益，这就在总体上促成了企业生产力的发展和核心竞争力的提升，乃至企业发展战略目标的实现。

（四）准确利用现代信息技术

信息技术的巨大飞跃是企业人力资源管理现代化的物质基础和促进条件。由于数据库、通信、网络技术的巨大成就，人们可以快速、方便、实时地共享信息。人们既可以快速了解企业的历史数据，又可以实时接触最新动态，并尽快作出决策。

二、人力资源管理质量的影响因素

（一）理念陈旧

从目前企业的经营现状来看，很多企业在思想意识方面认识到了人力资源管理的重要作用，但在理念层面并没有发生改变，并没有付诸实施。人力资源管理理念跟不上企业发展步伐。首先，很多企业将人力资源管理工作内容看得过于简单，认为其就是负责员工的招聘、录用及员工的培训等循规蹈矩的工作，没有深入理解人力资源对于企业生产经营形成的重大深远作用，这就谈不上人力资源与企业发展规划实现良好融合的作用与效能。这对企业生产经营和生存发展是不利的。其次，企业的管理决策模式陈旧。在进行日常的人力资源管理工作中，管理者的各项决策往往依靠往常经验作出，这种决策模式缺乏数据等客观情况的支撑，很容易发生决策失误的行为。随着互联网信息技术的普及应用，一些知名的现代化企业更加注重利用先进计算机技术对企业发展决策服务的优势，使决策更加科学化和合理化。在此趋势下，大中型企业如果还过于依靠传统的决策思维模式，那么会对人力资源管理的质量和效果产生负面影响。时间长了，员工很可能流失，留下的员工对企业的归属感也会下降，从而导致企业竞争力下降。

（二）用人机制不合理

拥有一套科学规范的人力资源管理体系对于提升企业整体管理水平是极为必要的。但是一些企业现有的人力资源管理体系不能适应经济形势发展的要求。

比如，在一些企业中，员工的提拔升职讲究论资排辈，真正有才能的员工得不到重用；在没有公开民主测评的前提下，管理者给予某些岗位和员工过大的权力，使员工队伍内部产生许多不和谐的因素，影响了队伍的稳定。企业的这种陈旧的选人用人机制，严重制约了企业的发展，需要进行完善和提升。

（三）激励制度不健全

我国部分企业尤其是中小型企业，由于投资规模有限，员工的薪金待遇普遍不高。对这些企业来说，本来就存在客观条件制约，如果再没有优秀的人力资源管理机制来进行弥补，那么在人才引进等人力资源建设方面就显得更加被动。有些企业通过内部挖掘的方式来缓解此项问题。他们开展了内部员工培训等工作，用以提高员工的知识技能，但培训多没有科学性和系统性，效果并不理想。

随着市场竞争环境的不断加剧，建设科学合理的激励机制是提升企业核心竞争力的必然途径。部分企业由于自身建设发展条件的限制，管理水平也相对落后，没有形成公正公平的激励机制，从而使企业的生产经营受到严重影响，导致企业留不住人才。甚至部分企业在对员工实施的激励措施当中，存在"拍脑袋"决策现象，在没有客观真实的数据支持下主观随意地对员工实施激励措施。这种随意的激励决策行为造成了员工对企业的不满，影响着员工队伍的团结稳定，调动员工积极性的效果也没有得到发挥。另外，企业的激励机制应该是建立在绩效考核的基础之上的，而很多企业的绩效考核并没有针对性和真实性，这样在一定程度上制约着激励机制的运用效果。

（四）人力资源配置不合理

激烈的市场竞争环境决定了企业要合理化地配置人力资源，这样才能充分发挥企业人才队伍的优势。而从目前企业人力资源管理水平来看，很多企业在人力资源的合理配置方面的效果不理想。这种情况不仅造成了企业资源浪费，还制约了企业进行扩大发展的空间，对企业制定的生产经营目标的完成也造成了较大困难。对企业来说，招聘是需要做好的重要工作。如果在员工的招聘环节，对候选人只注重书面简历和面试谈话，对其具体才能和素质了解掌握不充分，那么就会影响企业对人才的引进效果。这种员工招聘机制，很难让企业找到合适的人才。

（五）信息化程度不足

建立完善的、功能强大的人力资源系统能够有效提高人力资源管理工作的

效率和质量。企业可以通过人力资源系统更加准确地对人力资源信息作出分析和决策。但现在很多企业对人力资源系统的应用并不是很充分。有的是对此类系统的功能了解程度不够，不能进行有效的操作；有的是工作人员受主观因素影响，在工作中不习惯对系统进行操作。如果信息化办公系统不能得到深度应用，就无法发挥其价值。

三、人力资源优化管理的措施

（一）改革创新人力资源管理理念

传统的人力资源管理模式已经不能适应新时代、新形势下企业生存发展的需要，因此，需要进行大力改革与创新。企业应该在人力资源管理方面进一步加大投入，引进学习先进的人力资源管理理念，用以指导人力资源管理实践。企业创造的经济效益越丰硕，越要重视对人才的培养，重视人力资源管理对人才建设的重要作用，将人力资源管理作为企业管理的核心工作来抓，并使人力资源管理有效地融入企业发展的战略规划之中。企业要不断创新人力资源管理理念并付诸实施，首先，企业要突破传统人力资源管理理念的束缚，对不涉及企业核心生产经营工作任务的岗位，可以采用第三方外包的形式开展管理，使企业的人力资源成本得到明显降低。其次，树立人力资源管理以企业生产经营过程为导向的意识，通过实施人力资源管理，更加配合、服务于企业生产建设发展的大局。最后，企业的管理者要积极转变思维模式，摒弃传统的"唯经验论"等主观决策模式，向以客观的数据分析为决策提供依据的方向转变。

（二）加强和完善人力资源管理模式

从目前的情况看，部分企业存在的僵化的、陈旧的人力资源管理模式严重制约了企业的生产经营和发展。这些企业应当尽快对原有的人力资源管理机制和体系进行必要的改进和完善，增强人力资源服务企业发展的能力，为提升企业的核心竞争力发挥出最大化的功效。首先，企业要科学合理地分析规划人力资源。现在大部分企业的员工队伍在年龄结构、文化素质、性格偏好等方面越来越多样化，企业应根据人力资源现状，倡导人性化管理，这样才符合以人为本的管理本质，才能降低人才的流失率，确保员工队伍的稳定。人力资源管理的重点要向关注员工的主观诉求、个人价值需求等方面倾斜，尽量满足员工在自我价值实现方面的需求。其次，企业应通过认真细致的岗位分析，完善绩效考核和薪酬考核制度。企业要做好员工的绩效考核和薪酬发放工作，做到公平公正，这样才能为企业发展注入活力。同时，企业要更加合理地运用激励机制，充分调动员工队伍整体的主观能动性和工作积极性，注重物质激励和精神激励配合应用，增强员工对企业的向心力和归属感。最后，企业要注重人力资源管理的科技信息化建设，不断提高人力资源管理的工作效率和质量。

（三）建立科学公平的用人机制

在严峻的竞争形势下，企业只有合理配置人力资源才能充分挖掘自身的发展潜力，只有建立和完善科学的人才引进和晋升机制，才能准确充分地挖掘人才的价值，从而更充分地满足企业的人力资源需求。企业必须立足实际，制订和践行规范的人才评估机制和选人用人机制。首先，员工的招聘和晋升提拔一定要坚持公开、公平、公正的原则要求。企业要纠正错误的用人理念，杜绝在人才晋升工作中论资排辈的现象，更加强调和注重员工创造的业绩和实际工作能力。民主测评是企业选人用人的必要程序，要切实将民主考评作为人才提拔任命的基础性工作去落实，弃用领导直接拍板任命或走过场的人才选聘机制，通过"能者上，庸者下"的措施来促进实现优化人力资源配置的目标。其次，企业要立足长远发展来实施人力资源规划，通过内部培养和外部引进等多种途径实现企业的人才库建设，保证为企业在今后的发展中提供丰富的人才服务。企业要讲求选人用人的科学性，为企业建设拥有高素质、高效率的人才团队打下坚实基础。

（四）组建高素质的人力资源管理队伍

企业管理者要切实认识到人力资源管理不单是简单的招聘和培训等职能，而是系统性配置人力资源优势的过程。企业要提高人力资源的利用率，就要不断完善实施人力资源的精细化管理，充分挖掘人力资源的价值，将人力资源管理与实际生产经营相贴合，最大化地发挥人力资源在企业经营管理中的优势特点。要做到这些，就需要更加专业化的、高素质的人力资源管理队伍。人力资源是企业创造效益的最重要的前提因素，因此，人力资源管理队伍也要具备较好的理论知识和实际工作水平，这样才能提高企业的人力资源管理工作的质量。

（五）完善人力资源信息化管理系统

随着互联网信息技术的发展应用，各行业的管理信息系统化建设已经是大势所趋。而企业人力资源管理的信息化建设也是必然趋势。企业发展与信息化技术在日趋融合，人力资源在融合过程中会出现新的复杂因素。在不远的未来，人力资源管理工作要依靠云计算、大数据为企业提供各项决策服务。企业需要通过准确的数据进行岗位需求分析，来确定需要招聘员工的数量和对员工的能力素质要求，并根据数据分析获知员工的文化素质结构，以此来确定员工的培训、晋升、岗位职责、权限设置等。

企业在人力资源管理工作中有效运用人力资源信息化管理系统，可以进一步规范人力资源管理流程，极大提高人力资源管理的效率，使人力资源成本得到明显降低。通过信息化手段的应用，企业可以实现对每名员工素质、能力的准确客观评估，从而有针对性地制订员工职业生涯规划，明确人才培养的方向，使人力资源的配置更加高效和优化，岗位人员的安排也更加科学合理，从而提高员工对岗位的认可度和满意度。为了使人力资源管理更加有效配合企业的生产发展，最大化发挥人力资源管理系统的优势，企业应加强与提供系统的开发商和供应商的联系，一起为系统的升级维护和功能开发提供及时高质量的后期保障，使其更加适应企业员工的实际操作体验。此外，为了保证系统的规范使用，企业还应建立系统的日常使用维护制度，责任落实到人，确保企业的信息安全和员工个人的隐私保护。

总之，企业的进步和发展，离不开人力资源作用的发挥，需要通过人力资源的优化管理与合理配置促进每一个人潜力的挖掘，实现所有员工的更好作用展现。企业更加需要结合自身发展的需要和目标，就人力资源管理予以深化研究和分析，使其成为企业的发展助力，让企业真正实现更好腾飞，让企业在推动社会发展过程中发挥重要作用。

第二节　人力资源优化管理实践案例

一、ZTA 设计企业人力资源优化管理实践案例现状

（一）存在的问题

全面分析 ZTA 企业人力资源管理现状，总结认为该企业人力资源管理尚存在较大的改进空间，其不足主要包括仍沿用落后的管理理念，管理者的专业水平、能力有待提高，企业人力资源管理设备不足和管理环境落后。以上因素的存在不利于企业实现多样化人力资源管理。加之人力资源部门员工工作基础差，在人力资源管理没有针对性、指导性的情况下，极易使员工对企业的人力资源管理失去信心，继而影响员工工作积极性。当然，该企业近年来有所改善人力资源管理，但尚存的问题应该引起充分重视。就人力资源管理方面来看，

ZTA 企业员工群体主要存在下述问题，具体可围绕如下几方面进行改进。

1. 人力资源管理理念不够科学

近年来，国内设计产业发展势头十分猛烈。经过多年发展，ZTA 企业已经在各方面取得了一定成就，但是该企业的发展速度较为缓慢，且现有人力资源管理存在不足，人力资源管理缺乏实战经验。从人力资源管理的角度方面分析，该企业主要存在下述问题：

（1）企业仍使用较为落后的人力资源管理理念

该企业在制订招聘计划时，虽然能够充分考虑企业的特点对员工专业性的要求，但对于职业的分析不够科学，且仍沿用落后的招聘方式。直至目前，该企业仍以内部推荐、高校招聘、猎头推荐等传统的方式进行人员招聘。作为设计行业，ZTA 企业对技术性人才的需求是大批量的，且着眼于未来，对这部分人才的经验要求较高。传统的人才招聘方式无法满足 ZTA 企业后续发展对人才的渴求。全民自媒体时代，建议该企业充分利用网络渠道发掘专业人才，同时结合行业普遍采用的人才招聘方式，拓宽人才输入渠道。

（2）现有人员管理机制不够合理

实践表明，如果设计人员整体素质偏低，将会极大阻碍新业务的顺利拓展，逐渐令企业在市场中失去原有优势。ZTA 企业要实现可持续发展，不仅要有专业的设计从业者，还要尽量保证设计人员的综合高素质。纵览设计市场的发展现状分析可知，该行业发展离不开专业的设计人员和管理人员。处于发展阶段的 ZTA 企业，未能焊接起可持续发展的良性链条，沿用滞后的工作方式，对专业管理人员的培训不加重视，管理机制分散，边界模糊。

（3）企业部门结构不科学

同所有生产型企业一样，ZTA 企业的采购部与其他部门间存在千丝万缕的联系，因此采购部对部门合作及内部人员素质等各方面的要求均较高。当前企业主要由总经理进行相关事宜的协调工作，高层领导面临较大压力。企业的发展战略想要顺利实现，以总经理为核心的简单组织结构并不能充分保证各部门的有效沟通，建议予以调整。

2. 培训管理针对性不强

在管理实践方面，ZTA 企业的部分管理者对员工群体的认知及了解程度偏低。这也是制约该企业人力资源管理体系作用于员工群体不能充分发挥作用最为关键的问题。当前，该企业采取较为松散的方式管理员工，尚不能做到针对员工科学制订职业规划；同时大部分员工把自己同企业的关系定位于雇佣与被雇佣，而不能上升到事业合作伙伴的高度。具体来说，ZTA 企业的培训管理存在以下问题。

（1）培训对象不全面

从培训来看，企业主要针对新员工进行培训，培训内容包括企业的管理制度、部门划分、公司目标、经营理念、安全知识等。就现有培训课程来看，企业鲜少有对员工进行生产制作、营销方式以及开发核心技术内容的培训。培训内容的缺乏导致企业新老员工间不能有效传承，不能及时交流工作经验，核心环节的作用也不能最大化发挥。

与此同时，公司技术生产等部门的工作模式较为固化，特别是在上级下达大量生产任务时，员工主观能动性并未被充分调动起来，导致工作效能偏低。另外，企业虽然花费较大的经费、精力对员工进行企业理念的宣传培训，但是并未发挥预想的积极作用，这表明自身企业文化向心力是不够的。这些问题的存在，制约了企业的持续发展。

（2）培训形式单一

ZTA 企业培训往往采取单一的方式，针对新员工进行培训，且以传统的课堂授课模式为主，内容多为生产安全、公司理念等。此种培训形式和内容有时会造成员工不理解，认为企业此类无意义的培训占用时间，产生一定程度的抵触心理，影响了培训效果，也不利于人力资源部后续接触开展工作。强力灌输的培训方式，通常难以达到培训目的。

（3）未结合员工的职业发展通道合理设置培训内容

调查显示，员工普遍认为企业未能有针对性地铺开培训工作，现有培训内容与员工职业发展需要脱节，和专业关联性偏低。进一步分析发现，该企业对员工的培训不仅存在培训内容、方式单一的情况，且未提前针对各专业人群、各层级的人群科学制订培训计划。总之，这些充分说明该企业现有培训工作与员工实际发展需要之间尚存较大差距。实践表明，只有重视员工的职业发展，才能充分激发员工的工作热情，让员工的潜力充分发挥出来，员工更优秀了，企业一定会更强大。

3. 薪酬制度不合理

总体上说，ZTA 企业员工群体较为满意自身工作且普遍重视自我收入水平。从薪酬制度方面分析，企业主要存在下述问题。

（1）绩效评估、薪酬结构主观性较大

众所周知，绩效评估是企业进行薪酬考核的依据。薪酬考核能够充分体现员工日常表现，促使员工提高自我工作能力和业务素质。从 ZTA 企业的发展现状来看，优化薪酬考核工作，有利于促进企业发展。但是就该企业现有薪酬分配机制来看，尚存在诸多不足，比如，没有基于员工绩效合理分配薪酬。该企业现有的薪酬机制并未充分考虑各个岗位对员工的要求和员工需承担的工作差异。另外，不同的员工，其能力各方面存在优劣，而企业采取平均分配的方式为员工发放奖金，本身就是不合理的。针对上述情况，建议该企业调整薪酬分配机制，充分考虑员工对企业的贡献度、员工能力、岗位价值等因素，让薪酬分配机制更科学。

（2）薪酬的发放标准不统一

从薪酬管理方面分析，ZTA 企业并未领悟"统筹"的概念，其所采取的自主考绩的方式，能够在一定程度上拉开各部门的收入差距，但是由此所形成的差距并不大。企业的薪酬政策不统一，因而出现员工的工作量、岗位一样，但薪酬差距偏大的情况。此种现象会导致员工产生不公平感，继而增加企业员工流失率。

（3）缺乏对核心人才的激励

就目前来看，ZTA 企业仍沿用等级工资制度。此种薪酬制度导致对企业贡献度、价值、能力、所承担工作量不同的各岗位员工收入"趋同"，本质上忽视了员工的岗位价值、能力价值，不能从薪酬方面充分体现关键岗位、关键员工的重要性。此种薪酬机制，极易导致优秀员工产生不满，继而引发人才流失。

（4）薪酬制定没有结合绩效考核结果

作为人力资源的核心部分，绩效考核的重要性是不言而喻的。ZTA 企业存在不能合理运用绩效考核结果的情况，即不能充分匹配员工薪酬。此种现象，不利于企业绩效考核充分发挥作用，甚至可能导致员工出现懈怠情绪，工作失误增多。

综上所述，企业应充分解决好人力资源管理方面的问题。基于公平视角的层面分析发现，该企业人力资源管理存在较为严重的待遇不公平的情况，表现为员工群体的人力资源管理未充分体现绩效考核方法。该企业现有绩效考核的指标存在缺乏客观量化的指标，整体指标过于空泛，这也是 ZTA 企业不能充分贯彻落实员工群体人力资源管理体系的重要原因。这是一个恶性循环，员工工作状态得不到改善，企业发展也就无从实现。

4. 绩效考核不完善

调查结果显示，50%ZTA 企业的员工认为本企业现有绩效考核制度不合理，甚至产生质疑。绩效考核制度不健全，不利于企业持续发展，因而建议结合如下几个方面的问题来完善绩效考核制度。

（1）将绩效考核与绩效管理混淆

企业的绩效管理，指的是管理者结合企业整体发展需要和发展战略实施的有效管理员工工作活动、工作绩效的手段。从流程上看，绩效管理主要包括设定战略目标、实施绩效目标、进行绩效监控、评价绩效、落实绩效反馈、应用结果等环节。绩效评价也可称为绩效考核，其属于人力资源的考核方式，即考核员工在某一时间段中的工作表现、工作行为。常见的考核方式有观察、评价、对比、分析等，通过绩效考核体现员工的实际工作绩效。

（2）考核内容过于简单

ZTA 企业针对生产员工、技术员工仅就安全知识、操作知识、工作统计、考勤情况等方面对员工进行考核，而忽视了考核员工实际生产内容、维护产品质量等方面的情况。另外，就现有考核机制来看，ZTA 企业并未针对各部门员工的特点来设定量化考核的内容。不管是高层还是各部门的普通员工都存在平均化开工资、奖金的现象，而无视员工实际工作绩效。此种现象，导致不少员工作风懒散，影响了工作效率，增加了各部门间的矛盾，波及企业整体利益。

（3）绩效反馈的缺失

上下层领导之间、领导和员工之间沟通不到位，导致企业内对工作目标出现不同的看法。ZTA 企业要实现战略目标发展，就必须重视沟通，切实做好沟通工作。及时有效的沟通，能够发现人员对工作目标的理解偏差并予以纠正。企业上层领导可结合员工绩效反馈情况，调整各项工作，以促进企业实现绩效目标。企业应该重视绩效考核，对员工的工作情况进行及时、精准的评定，引导员工发现实际工作中存在的不足，督促其努力改进。企业不仅要切实做好绩效考核工作，还应该将本项工作放到企业日常管理中，对员工进行考核评定，以此作为员工奖励、晋升的标准。企业应该在现有薪酬制度的基础上，因地制宜形成薪酬计划。实践表明，企业形成合理的绩效考核制度，有利于鞭策员工认真对待工作，高效做好每项工作，这对企业发展具有重大意义。针对该企业的实际情况，建议积极完善现有绩效考核制度。

综上所述，该企业现有人力资源管理尚有较大的改进空间，建议企业形成完善化的薪酬体系，做好人力资源管理工作，健全考核制度和反馈系统，构建优秀的企业文化，促进员工高效工作，充分发挥员工的潜能，为企业实现战略目标奠定基础。

（二）优化措施

ZTA 企业可以在管理制度、培训制度、激励制度、绩效考核制度等方面进行人力资源管理优化。

1. 构建科学的管理制度

（1）精简人事流程

ZTA 企业应将科学、合理的职业体系构建起来，并对此进行逐步完善。企业可以先通过传统的人才选用机制吸纳大量的优秀人才，再对人才结构进行优化。过程主要涉及以下内容——人员选拔和录取、员工职业生涯规划、激励机制和自我管控机制等，企业可借此逐步完善并健全人资体系。

（2）制订人才培养制度

就 ZTA 企业而言，其人资部门需要对员工的学习和沟通工作进行重点关注，某些情况下，可外聘一些经验丰富的专家对企业内部人员进行培训。人资部门想要编制出科学合理的人才培养规划，需要从各部门的业务内容及发展目标出发，对"培训需求调查表"进行设计制作，人资部门按此表进行调查并对结果汇总分析后，立足于企业现实的经营状况、发展目标、组织文化和人力资源管理水平，优先关注培训工作的前瞻性和适用性，将培训计划初步确定下来，最终提交给企业高层，由其进行审批并作出最终决策。待计划确定后，人资部门遵照既定流程对培训工作进行组织和开展，在培训完成后，做好追踪评价工作。

（3）完善客观公正的绩效考核体系

在企业人力资源工作中，绩效考核环节占据了核心地位，其目标在于，让企业以此为参考来培养人才，并根据员工现实表现对其做出适当的奖惩。对于企业而言，绩效考核是必备的管理工具。现有情况下，大部分企业不太关注绩效考核体系。很多企业为了对员工进行刺激，通常会选择年终奖这种比较常见的方式，人资部门在对未来目标进行规划和设定时，应该对此环节进行重点关注。此外，人资部门内部应该实现思想上的统一，以公平公正为前提，对有关计划进行制订和推行，对多样化的核查方法进行运用，以此确保在绩效考核工作实施期间，在考核结果分析过程中，绩效考核体系是足够公平和严谨的。在现实工作中，企业在考核普通员工和管理人员绩效的时候，常运用不同的方法，管理者业绩与其最终的考核得分之间存在着极强的正相关性。

2. 优化员工培训制度

（1）为员工提供培训机会

企业在制订和实施员工培训计划前，首先应拓宽并通畅内部晋升通道。从精神层面来看，ZTA 企业应该对内部员工晋升通道进行拓展，促进员工个人价值的实现，并对其价值进行共享。从战略视角来看，ZTA 企业应该让所有员工都能有一个较为合理的职业发展规划，实现员工和企业的协调同步发展。企业还应为员工发展创造尽可能多的有利条件，借助于培训、岗位调整和职级上升等多种方式，开辟员工成长渠道，建立长效化的员工培养机制。贴合企业战略和员工特点的培训，畅通的晋升渠道，能够激发员工潜能，促进战略目标的实现。

（2）打造良好的工作环境

ZTA 企业所面临的数据信息量以及客户量都是非常大的。与非项目员工相比，项目员工要就此承担更大的工作压力，主要原因在于，其工作要求具备极强的创造性，此种情况下，其对宽松、压力较小的工作环境产生了强烈的需求。企业应该人性地管理项目员工，通过定期和不定期开展日常交流、例会或团队建设等活动，提升各部门员工的归属感与忠诚度，并定期面向项目员工组织开展活动，让其得到精神和心灵上的放松。

ZTA 设计企业的经营模式，决定了各设计团队间独立性强又需要合作的日常工作现象。项目的有计划开展必然导致各部门不同时期资源的投入产出具有时间差，相应的集中需求也就不一样。而人力资源工作暂未向下分解划分，统一的人力资源部门是用一套制度管理全员的，这就需要部门内部人员在具体工作过程中不违背组织原则下进行差异化管理，并全面、充分、动态了解项目员工生理和心理需求。比如，创意部门员工的想象力和表达欲相对较强，可通过设计院所举办的讨论会、座谈会等活动，让其讲解一些项目知识，满足表现欲望；建筑结构部门员工普遍个性较沉闷，工作强度大，压力不易宣泄抒发，单身比重较多，可通过多企业拓展，与其他甲方企业联谊等集体活动，关照这类员工身心健康，有效拓展其社交范围，以帮助其解决个人问题。多样化的人性关怀活动，可以在丰富员工知识的同时让其产生强烈的归属感，达到最大化的精神激励效果。

3. 健全薪酬激励制度

（1）明确薪资激励三大"基本原则"

人力资源管理的根基是客观公正的薪资标准，而客观公正的薪资标准的制定，应该遵循重要性、稀缺性和复杂性三大原则。

①重要性原则。

重要性原则指的是，在对薪资标准进行确定时，以此职位在企业中的贡献水平为依据，也就是说，职位在企业内部的重要性越强，此岗位员工便能够享受到更高的薪资；职位的重要性较弱，其薪资水平就相对较低。

②稀缺性原则。

稀缺性原则指的是，在对薪资标准进行确定时，既要对职位重要性进行考虑，也要对其任职资质的可替代性进行重点考量，即考虑此岗位所需任职资格是不是非常特殊或非常稀有，换句话来讲就是，此岗位员工是不是需要具备其他人所没有的某项特殊能力。假若此岗位在企业内部非常重要，然而满足任职要求的员工却很多，那么此岗位的薪资标准便不宜设置过高。

③复杂性原则。

复杂性原则指的是，在对岗位薪资标准进行设定时，要对岗位工作的复杂性予以考虑，假若此岗位员工需要承担复杂且流程烦琐的工作，任职者面临的是较大劳动量和劳动强度，那么，就算此岗位不太重要且不太稀缺，岗位的薪资标准也应该设置到一个较高水平。在现实工作中，薪资制订人员应该以企业经营状况为依据，对优先顺序予以确定，适当地倾斜某团队、某部门或某个岗位。

（2）完善薪资激励体系

①开展内外部薪资情况调查。

为了对薪资体系所产生的效果进行了解和评判，企业往往会组织和开展内部调查。内部调查工作的重点在于，对员工在福利、薪资构成和薪资调整方式的看法和意见进行了解和把握，使员工能够全面而深刻地理解企业的薪资管理方法，并对构建和完善薪资体系产生兴趣并抱有期望，从而实现员工满意度的提升。

企业外部调查也有助于其薪资外部公平性的增强。在外部调查活动的支撑下，企业能对市场上的平均薪资水平及变动趋势有所把握，特别是在与同业企业进行薪资对比后，企业可以对自有的岗位薪资设置情况进行考量，就此将市场竞争力极强的薪资水平设定出来。正常情况下，企业的薪资水平达到其甚至超过市场平均水平的情况下，其薪资水平才具备较强的竞争力，员工才能就此感到满意，企业的总体竞争力也将得到明显提升。

与此同时，企业还应该了解员工上一份工作的薪资水平、离职缘由、选择本企业的原因以及其薪资预期，并就此展开具体分析。企业应当对员工意见进行认真听取，汇集群体智慧，对最佳的薪资发放内容及形式予以确定。

②开展职位评价。

有调查显示，员工对薪资差别的关注度要比对薪资水平的关注度要高。通常情况下，不同能力水平、不同级别、不同工作产出水平的员工在薪资水平方面通常存在明显的差异。科学合理的薪资管理体系能够将薪资差异转变成为有

效刺激，既对员工形成极大的鼓舞，也能够为员工群体所认可，真正实现公正公平。这足以彰显薪资合理设定的重要性。假若企业的薪资水平无法充分反映其内部不同岗位的价值差别，那么，员工很容易就此感到遭受了不公平待遇，矛盾就此被激发。企业在构建薪酬管理体系的时候，应该始终坚持公平公正原则，其中，更为重要的原则是对内公平。针对企业内部的不同部门和不同职员，企业所设定的差异化薪资要足够合理，能够对岗位重要性和员工能力水平进行反映。假若企业的内部薪酬缺乏足够的合理性，将难以平衡员工心态，员工或就此产生强烈的不公平感，企业内部不同部门、不同员工的职责和权利也无法得到对等的划分。企业应当对内部的各岗位价值进行合理确认，将岗位评估工作做好，在量化分析岗位复杂性、责任水平和专业能力等多方面内容的基础上，实现薪资对内设定的合理化。

③寻找新的方式方法。

在现实工作中，员工需求层次呈现出多样化的态势，薪水增加对员工形成的工作激励已然有限。企业管理者应该对此情况进行重点关注。在员工需求层次不断提升的过程中，其对赋权、升职和工作成就感的关注度越来越高。在提升员工满意度方面，薪资上调方式表现出了明显的局限性，随着员工物质方面的低层次需求逐步得以满足，其对精神方面的更高层次需求开始彰显，此种情况下，企业需要一种有效的激励方式来帮助员工实现其对物质与精神需求的同步满足。

此外，企业应该持续对薪资制度做出动态化调整。随着员工年龄的增长和心态的转变，其思想及文化素养也将有所提升，假若薪资管理无法及时调整、改革和创新，则员工或对工作丧失热情，不愿意创新，激励效果自然相对不佳。对于设计院而言，其薪资管理应该以激励作用的发挥情况为依据。管理者应当及时、全面了解的职位划分、人员配备、员工素质、绩效考核和人才选拔及培养等薪资管理状况，对经验进行总结，从现实情况出发，对薪资制度做出合理调整，将此项制度的活力充分激发出来，全面有效地支撑企业发展。

4.完善绩效考核管理制度

绩效考核工作要能够对员工业绩进行客观、全面、精准的反映。企业在对个体对组织的贡献度进行考评的同时，也要将岗位的特殊性彰显出来，可借助于多样化的组织活动促进组织管理绩效的提升及企业发展目标的达成。

（1）考核体系定位

员工考核需要面向于不同岗位，有着不一样的考核目的和范围，因此，考核内容呈现出极强的复杂性。总体来讲，德、能、勤、绩是员工考核内容的基本构成面。

①"德"考核的是员工的思想、道德和心理三方面的素质。

②"能"考核的是员工的能力水平，抽象来讲，便是其对世界进行认知和改造的本领。

③"勤"考核的是员工面对工作的精神态度，如是否勤恳，是否爱岗敬业。

④"绩"考核的员工的工作达成度、工作质量、所获取到的经济和社会效益等现实的工作绩效。

就以上分类来看，员工能力（素质）和德、能、勤三方面内容存在紧密关联。因此，考核体系通常被划分为能力与绩效这两大考核单元。此种考核体系通常包含以下目标。

①以职位等级为依据，对员工进行高层管理、中层管理、业务员、技术员和普通员工这几种类型的划分。

②从能力、绩效等多个方面对员工实施考核。员工级别不同，考核所用到的指标和办法也会不同。

就绩效考核工作而言，绩效代表的是员工个体或群体在工作中的真实表现，涵盖了员工与企业两个层面的业绩。绩效考核关注的是，评判员工在现实工作中所获取到的业绩，以及所表现出来的能力、态度和品德等内容，并就此对员工的岗位匹配度进行评判。绩效考核属于人力资源管理体系的核心构成单元，它为企业组织并开展人力资源管理工作奠定了坚实的信息根基，指引了员工薪酬的确定、奖惩的实施及培训工作的组织和开展。在项目管理工作中，绩效评价既要对员工的项目表现进行关注，也要对其在其他职能部门中的工作表现予以评定。

企业建立绩效考评体系，需遵循以下原则。

①明确、公开。企业应明确制订考评标准、流程及有关工作职责，并面向全体员工公开各项规定。

②客观考评。考评应以明确的考评指标为依据，从真实的资料出发做出客观的评价。考核过程不可掺杂个人感情，也不能带有明显的主观性。

③反馈。以被考评者为对象，将其最终的考核结果反馈出来并为其提供详细的结果解读：对其个人成就给予赞赏，同时将其欠缺和不足明确指出来，为其后续成长和发展提供科学有效的指引。

④差别。在设置考评等级的时候，企业应对等级的差别界限进行清晰合理的设定。企业应从现实的考评结果出发，从薪酬、晋升和培训等方面，突出不

同员工之间的差别，让考评起到一定的激励功效，让员工变得更加积极上进。

（2）建立员工能力考核体系

①能力考核方式。此方面的考核是为了让企业对员工素质有一个全面客观的了解与把握，以此作为员工调整、晋升、分配以及培训工作组织和开展的依据。就ZTA企业的人资现状及业务类型来看，关联矩阵法在其能力考核工作中比较适用，也就是用考核的不同要素得分乘此要素的占比值来核算最终分值的方法。

②确定不同的指标要素。企业应以自身层次划分为依据，从德、能、勤等方面，针对管理者、技术员和普通员工对其能力要素进行清晰合理的划分。

（3）建立员工绩效考核体系

①对绩效考核制度进行制订。绩效考核不能单凭讲述，应该以企业管理制度为依据。在所有的管理机制中，绩效考核制度占据了极高的地位，此制度应该明确考核对象、内容、指标、流程和结果运用情况这几方面内容。

②对绩效考核系统进行搭建。此系统存在的价值是，对绩效考核工作进行全面有效的推进。无纸化办公方式可以提升考核效率，企业可对既有绩效考核系统进行运用。

③对绩效考核数据库进行创建。绩效考核并非是一蹴而就的事情，应该长期坚持下去，并对员工档案进行编制。总体来看，数据库对考核数据的积累是大有帮助的，为数据查询和分析提供了极大的便利。

④对考核结果分析机制进行建立。分析考核结果是为了对其进行更好的应用，因此，结果分析彰显出了极高的价值。企业需要将考核团队组建起来，具体分析考核结果，各部门领导出任此团队成员，在对考核结果进行科学分析的基础上，方可对结果进行充分合理的运用。

（4）建立绩效考核结果应用机制

在绩效考核工作中，企业看中的不仅仅是绩效考核的过程，更重要的是考评结果是否能够有效辅助企业决策和管理，在企业现实的管理工作中对此结果加以运用，对有关问题进行有效解决并对管理理念进行更新。因此，企业应建立好绩效考核结果的应用机制。首先是对考核结果的合理运用，对优秀的考核结果可以树立典范，大力宣传，对良好的企业文化进行培育，给予员工精神和物质方面的双重奖励；其次，对较差的考核结果做出妥善处理，可在评级或积分方式辅助下，适当扣减员工积分，缩减其绩效工作或奖金，就此对员工形成一种绩效刺激。

对绩效考核来说，其主要价值侧重于员工潜能的挖掘，工作计划的优化，企业效益的提升，发展环境的改良以及管理工作的改进，因此应避免给员工带来沉重的心理负担。就整个绩效管理体系来看，企业不能设定过高的目标达成度，应由管理层和员工共同将绩效标准确立下来，不可由管理层单独设定。在绩效评分方面，绩效标准设定既要参考上级给出的量化评分，也应该对其他人的意见进行共同听取，将与企业现实情况相符的评价考评体系构建起来，并对不同的考评维度和指标占比予以明确，对综合化、全面化和多样化的评价方案进行编制。

二、JG公司人力资源优化管理实践案例

（一）基本情况

JG公司，成立于2003年，公司法定注册资金606万元人民币，是经陕西省工商行政管理局依法审批备案，并经中华人民共和国住房和城乡建设部、陕西省住房和城乡建设厅、陕西省司法厅行政许可核准，以国家注册造价工程师、注册监理工程师、注册招标师为主体组成的工程建设技术服务类项目管理有限公司。公司总部位于陕西省西安市，经营甲级工程造价咨询、甲级工程招标代理、房屋建筑与市政公用工程监理、工程造价司法鉴定四类法定业务。

（二）人力资源管理体系概况

1. 组织架构

JG公司实行董事会领导下的总经理负责制，设置七部一室，即人力资源管理部、业务部、开发部、招标部、业务监管部、招标管理部、财务管理部和行政管理办公室，其中业务部3个、招标部2个。职能部门下辖一线办公作业区3个，主要人员为造价咨询业务专业技术人员。

2. 人力资源概况

JG公司作为一家造价咨询领域成长中的中小型民营企业，在职员工65人，其中包括管理人员、营销人员、行政人员、建筑工程招标采购代理人员、工程造价及司法鉴定作业人员。其中工程造价咨询专业人员在职人数有40余人，其中注册造价工程师10余人，造价员30人。

（三）现状及问题

1. 人力资源管理规划的现状及问题

（1）人力资源管理规划的现状

通过调查发现，JG 公司的人力资源规划只与企业年度战略目标相结合，而与企业长远战略目标结合较差，尤其是与紧跟造价领域政策发展规划及行业走势方面提出的战略目标结合不紧密。如近年来工程建设领域 BIM 技术发展迅速，陕西省已有部分企业开始发展 BIM 技术。JG 公司虽然提出了构建 BIM 团队，但在人力资源规划上一直未提出有效可行的计划，迟迟未建立起来。而且每年 JG 公司约有 20% 的专业技术人员流失，其中 15% 的流失人员工作年限在 2 年以内，这就为招聘及培训方面带来压力，尤其是在业务量较大时，容易造成短期内的用人压力。

（2）人力资源规划缺少科学性

科学的人力资源管理规划能给企业带来很多益处，它能确保企业各个发展阶段对人力资源的需求，有利于企业人力资源管理层次分明，有利于激发员工工作的积极性与创造性，还有利于企业人力资源成本控制。而 JG 公司人力资源规划的问题主要是缺少科学性，造成这一情况的主要原因如下。首先，JG 公司属于中小型企业，规模较小，管理层对人力资源管理的重视程度不够，因此企业对于人力资源管理比较粗放。其次，企业在制订人力资源规划时未与企业制定的战略目标充分结合，未就人力资源与企业战略目标匹配度加以分析，这导致人力资源规划中缺少战略性的长期规划。最后，造价咨询行业的人才流动性大，在 JG 公司也是如此，所以 JG 公司在员工的留用方面仍需加强。因此，制订科学的人力资源规划对于 JG 公司得到长远发展尤为重要。

2. 人员招聘与配置的现状与问题

（1）人员招聘与配置的现状

JG 公司根据员工离职状况，以及未来一段时间公司业务量，结合公司战略目标来招聘人员。JG 公司主要招聘的岗位是造价咨询专业技术人员，分为两大类：一类为土建造价岗，另外一类为安装造价岗。由于人才市场与企业需求市场等多方面因素的影响，安装造价岗的招聘难度大于土建造价岗。而 JG 公司安装造价岗员工相对紧缺，每年招聘到的安装造价岗人员较少，有时甚至无法招聘到合适的安装造价岗人员。

JG 公司基层管理人员及多数中层管理者都是通过公司人才队伍建设培养出来的。但由于 JG 公司人才流动性大，离职率相对较高，每年专业技术人员约有 20% 人才流失；并且从 JG 公司人力资源概况上可以看出基层作业员工队伍较年轻化，并就职时间不长，其中入职 3 年以内的占到 69.23%，因此 JG 公司整体人员稳定性相对较低。

（2）招聘机制不完善

招聘工作是人力资源管理体系当中重要的一个环节，能为企业源源不断地带来人才。随着经济的发展，企业间竞争不断加剧，人才的竞争已经是企业竞争的重要组成部分，关系着企业在竞争中是否能取得领先优势。

JG 公司能够按照人力资源规划进行人才选拔，并且按照企业招聘流程严格执行，但在 JG 公司目前的招聘过程中，存在工作技巧不足以及招聘前期准备工作不足的缺陷。造成这一现象的主要原因如下：一方面是因为 JG 公司选择的人员招聘渠道较狭窄，主要以校园招聘以及内部人员推荐为主；另一方面是因为 JG 公司负责招聘的员工，在面试环节的经验和技巧不足，而管理层中专业技术面试官有时因工作原因无法亲自面试，从而出现录用人员的专业技能不达标的情况。

3. 人员培训与开发的现状及问题

（1）人员培训与开发的现状

JG 公司在员工培训与开发方面主要有两种方式：一种为集中学习的方式，另一种为"师徒"方式。

JG 公司安排员工集中学习的主要内容为相关业务能力、专业知识、软件应用及近期工作中遇到的问题等方面。讲师主要为造价质量监管部门人员、外聘老师，以及公司高管，如董事长、总经理、总工程师等。在课程时间计划安排上 JG 公司主要安排为每两周进行一次集中培训学习，但调研发现，在实际培训过程中，JG 公司上半年的培训安排按照培训计划开展，在下半年的培训计划由于业务量不断增加往往不能得到有效实施，培训次数减少，有时一个月培训一次，尤其在农历新年前一至二个月由于业务原因导致培训未按计划开展。并且每次培训的内容虽都有精心准备，但未依据员工岗位及工作年限的不同而制订详细的培训计划，大部分培训都是全员参加，导致培训针对性不足。此外，在每次培训中，JG 公司未建立明确制度来考核培训效果，在培训结束后，也未对培训效果进行有效评估与反馈。

人员培训与开发的另一种主要方式是"师徒"方式。在平时工作中，各造价部内部，新聘员工尤其是应届毕业生及刚从事造价咨询工作的员工，与造价部主任或是工龄长的员工结为"师徒"对子，来使新员工在工作初期快速适应工作及环境，提高工作熟练度，将书本知识应用到实际工作中。

（2）人员培训与开发未引起足够重视

通过人员培训与开发，可以满足企业的持续发展需要，提高员工的专业知识和业务技能，提升员工的工作积极性，使员工能够满足岗位要求，并在工作中有所创新。企业应结合自身发展目标和员工的发展目标，制订科学的培训与开发计划，对员工进行一系列有计划、有组织的学习与训练活动。对企业而言，培训和开发工作能帮助企业不断改善企业绩效，减少事故的发生，提高员工对企业的认同感与归属感，孕育出良好的企业文化，降低损耗，从而提升企业在市场中的竞争优势。对员工而言，通过培训与开发，可以使自己的专业知识和业务能力得到增强，从而获得更高收入的机会，增加自身职业生涯稳定性，在员工中更具竞争力。

JG 公司目前仍未形成系统化的培训与开发机制，具体存在以下问题。

①缺少系统化培训与开发。

目前，JG 公司在培训与开发方面未形成系统化的制度规范，员工的培训与开发计划随意性较大。由于建筑行业的周期特点，在一年中造价咨询行业随着时间越接近年末业务量越大，因此 JG 公司的员工培训常在上半年展开，尤其是农历新年后，业务量较少，开展培训较集中；下半年随着业务量增加，员工培训相应减少。JG 公司的员工培训内容多为法律法规、行业规范及必要的专业知识，缺乏对员工的针对性开发规划，导致培训效果不尽如人意。

②未深入分析培训需求。

培训需求分析能为企业培训规划指明方向，确保企业培训方向的正确性。但现在 JG 公司培训需求分析工作存在不足，使得培训对于不同层次的员工没有针对性，尤其是对于业务能力强、专业知识高的员工，培训效果不能满足其需求。企业只有充分发掘员工的培训需求，并使其与企业战略目标发展需求相结合，才能使企业与员工从培训中获益。

③培训考评机制未建立。

培训的过程其实就是员工得到提高的过程。企业都希望通过培训使员工从中获取知识，从而学以致用，转化成企业生产力。JG 公司虽然开展了培训工作，但没有建立培训后的考评机制，使得培训效果没有得到评估，而只有及时、准确的培训效果评估，才能使接下来的培训方向得以明确，管理细则得以完善。

④员工中未形成自主学习氛围。

JG 公司员工的自主学习氛围不佳。一方面，JG 公司采用的培训形式较为单一、内容较为单调乏味，并且大部分培训是围绕核心技能及业务的讲解，使参加培训人员未引起足够重视，认为培训只是一个被迫的任务，从而使员工对培训缺乏主动性；另一方面，在 JG 公司，培训没有长期规划、没有连续性，并且制订培训规划没有与员工职业生涯发展相匹配、相关联，这导致培训出现了短视效应，从而对企业长远发展起不到支持作用。以上问题的形成主要是因为：首先，JG 公司对培训与开发的重视程度不够，制订的培训与开发计划得不到有效执行；其次，JG 公司在培训与开发方面投入的人力物力财力不够大，并且存在一些疑虑，认为花大力气培养的员工，一旦能够独当一面时，可能会跳槽；最后，JG 公司对培训缺少有效评估与反馈，并未建立学习型的企业文化。

4. 绩效管理的现状及问题

（1）绩效管理的现状

在组织绩效方面，JG 公司没有完善的组织绩效管理体系，并且组织绩效制订相对单一，虽然能促进部门工作，但力度不够。公司在部门绩效分析及绩效反馈方面的工作做得不够深入，使绩效结果不能得到充分利用。

在个人绩效方面，JG 公司积极开展个人绩效考核，但由于在绩效考核结束后，未对绩效考核结果进行合理运用，因此导致员工对绩效考核的重视程度不高。

调研发现，虽然 JG 公司每月的绩效考核存在一定的"形式化"问题，但公司在人力、物力方面投入很大，特别体现在个人绩效考核内容较为烦琐——个人考核指标有思想纪律、业务能力、关系评价 3 大项 25 个小项内容。每次考核都牵扯到多个部门，使得每次月末考核时间紧张，人员有时不得不放下工作来完成考核，有时也会因为工作紧急而耽误考核。

（2）绩效管理不全面

实施绩效管理是企业对自身目前所处的状况进行反思，并对未来发展进行展望的手段。做好绩效管理，能对企业过去一段时间的工作进行系统化的总结，便于企业发现过去经营活动中的问题，及时作出相应调整，以实现企业更快、更高效的发展。绩效考核的结果清晰反映了员工在过去一个考核周期中工作的优劣势，这为员工在之后的工作努力方向指明了道路，以便员工今后取得更好的发展。目前，JG 公司在绩效管理工作中存在以下不足之处需要进一步完善。

①绩效管理与企业战略目标相关程度不足。

绩效管理最终的目的就是达成企业战略目标，实现企业发展。通过企业中各部门目标和员工个人目标的达成，来推动企业目标的实现。JG 公司对企业目标的逐级分解不够充分，使促成企业目标达成的部分工作没有完全落到实处，这也导致企业各部门都较好地完成了部门自身绩效目标，但企业目标没有得到完全达成。各部门根据自身的业务范围和工作内容制定绩效目标，但没有充分结合企业目标，导致企业对部门的绩效管理与企业战略实施落实不能相统一，存在出入，这也就使得员工不能向企业共同目标而努力。因此，管理者要注意使绩效管理与企业战略目标紧密结合起来，逐级分解到每位员工身上，不然绩效管理将起不到应有的作用。

②绩效指标设计存在问题。

绩效考核指标的设置要重视以下内容：实用性，绩效指标需要充分考虑企业人力资源管理水平及行业的特点，还有绩效管理实施所需的人力、物力、财力；全面性，绩效指标应该尽可能地涵盖员工全部工作任务以及员工所处的岗位要求。JG公司的绩效考核指标设置较多，为企业带来了过多人力、物力的压力，使部分员工对绩效考核产生了抵触心理。

③绩效管理中与员工沟通不够通畅充分。

绩效管理的主体是企业员工，因此员工应该积极参与绩效计划、绩效辅导、绩效评价以及绩效反馈的各个环节。绩效管理中考核者也应该与被考核者在绩效计划、绩效实施、绩效结果方面进行积极沟通。JG公司中许多员工并不完全清楚企业绩效是如何制订的，标准是什么，考核方式方法是什么，考核结果是什么并如何应用，自己工作中存在哪些问题，以及如何来改进等信息。这使得绩效考核并没有起到该有的作用，因此考核者要建立良好的沟通渠道，在绩效考核的各个环节与被考核者进行充分沟通。

④绩效结果应用不够充分。

绩效考核的结果往往只被用在了奖金发放及薪资调整上，然后就被归口存档，并没有充分分析利用各个被考核者的绩效结果，进而分析各个被考核者、各部门以及企业在过去一个考核周期的得失与优劣势，如此不仅浪费了企业资源，变相增加了企业成本，还忽略了大量对企业与个人有用的信息。对员工来说，这些信息是员工的工作评价、学习和完善的方向与职业生涯的发展目标等，作为员工，对自身的职业生涯发展自然十分重视，因为这关乎员工自身的核心利益。企业应该充分利用每次绩效考核结果，经过认真深入地分析过后积极与员工进行沟通，使员工明确自身在过去一个考核周期的工作中仍存在哪些不足之处，以此来明确员工自身职业生涯未来的发展方向。目前，JG公司并没有充分利用这些有效信息来激励员工，以及改善员工绩效结果，这是企业可以进行人力资源优化的方面。

造成以上问题的主要原因：一是考核指标制订不仅未充分分解企业战略发

展目标，而且相对烦琐、不够简化；二是管理人员未充分重视绩效考核结果，未对考核结果进行充分分析以了解员工工作状态；三是管理者未对被考核人员就考核结果进行交流，员工也不能及时向上级反映自身看法。

5. 薪酬福利管理的现状与问题

（1）薪酬福利管理体系的现状

JG 公司的薪酬福利管理体系较为健全，运行良好。公司能够随着环境的变化不断地修订及完善薪酬福利制度，以应对公司业务及市场的需求变化，且能够结合公司特性，优化奖惩制度。

在 JG 公司，薪资主要由基本工资、工龄工资、绩效工资、岗位职务工资四大部分组成；福利包括职业注册资格津贴、通讯补贴、交通补贴、午餐补贴、全勤奖等；除了按照国家规定为员工购买社会保险之外，还为员工提供年假、节日礼金等多方面福利政策。为了增强公司凝聚力，公司每年会在年庆时组织大型团建活动，以缓解员工工作压力，放松员工身心，使员工更好地投入工作中。调研发现，JG 公司的薪资福利没有明确的职级分层，尤其是基本工资方面，在员工入职时会依据其工作经历、学历、职称及职业资格等级等制定初始基本工资，但每次薪资调整由于没有详细职级分层导致调整幅度不明确，个别员工对调整存在异议。

（2）薪酬福利管理体系不完善

在 JG 公司，基层人员流动性较大，企业要考虑充分发挥薪酬福利的"留人"作用。企业要使薪酬福利管理体系紧跟企业战略目标，发挥其最大成效，这其中最需要解决的问题是明确薪酬层级标准，为员工明确奋斗方向，激励员工的工作积极性。由于 JG 公司规模不大，人员相对较少，并且人员流动性大，导致高管们未注意此方面问题。而且由于通常行业会以职业资格证为依据明确职级，因此企业未考虑由此导致职级较为单一的问题。企业中一些员工则认为只有在取得更高级的职业资格时才会提升职级，导致员工觉得发展受限，没有明确的短期奋斗目标。

6. 员工关系管理的现状与问题

（1）员工关系的现状

JG 公司会在新员工入职后，向员工介绍行业及公司的发展情况，以此来分析员工大致的职业生涯规划。公司管理人员也会详细为员工分析职业生涯的管理，为员工规划近期的发展目标。JG 公司一直在努力构建积极向上的员工关系，及时公平地处理企业内的各种冲突，以尽量避免不良情绪或过度压力对员工或绩效产生不好的影响。

在调研中发现，高层管理人员能与基层管理人员保持良好的沟通，积极了解各部门在工作中的难处，帮助各部门排忧解难。但高层管理者对一线专业技术人员的动态关注度不足，尤其是在企业实施新的决策过程中没有密切关注员工的反应，导致未能及时向员工解释或调整相关状况。而员工有时在发现问题后，由于个人原因未向上级积极反映和咨询相关问题，从而造成一些问题没有得到及时解决。

（2）强化员工关系建设

JG 公司员工关系管理中的不足，主要在于管理者有时在进行工作任务分配时，未完全考虑员工是否能够完成任务。出现这一问题的主要原因有两方面：一是管理者只是站在了企业或者上级的角度来考虑问题，未详细了解员工当前的工作情况并与员工进行沟通，从而有效判断员工能否顺利完成任务；二是部分员工在接到任务后，未第一时间充分考虑自身是否能够完成，从而导致不能及时向上级反映存在的困难。

（四）优化方案与实施

1.人力资源规划的优化方案与实施

（1）制订科学的人力资源规划

企业人力资源规划要和战略性的长期计划、策略性的中期计划以及作业性的短期计划相结合，做到科学合理。为使人力资源管理体系对企业发展起到更好的支撑作用，JG 公司可以从以下三方面对人力资源规划方面做出优化。

①进行人力资源预测。

首先，对企业内外环境进行分析。JG 公司主要从事工程造价咨询业务，近年来更多的企业进入工程造价咨询市场，导致市场竞争越加激烈。对 JG 公司来说，随着企业的发展，原有的人员规模需要得到增加，以满足企业越来越多的业务需求，尤其是在行业发展的新方向上，如 BIM、全过程工程管理等。

其次，进行人力资源预测。企业应依据收集与分析出来的信息，进行人力资源需求的短期预测和长期预测，考虑人力流失的总体需求以及岗位需求。

最后，确定结果。企业应结合实际情况，主要包括人力、物力、财力等因素，来确定企业需求多少人，以及需求什么样的人，即将人力资源需求的数量和质量对应起来。

②编制人力资源规划。

企业应根据战略目标确定人才需求量，编制人力资源规划，主要包括规划实施的时间段，规划最终达成的目标，目前与未来的人力需求情况，如何具体实施以及规划制订者与规划时间。制订好的规划报送给企业高管审定获批后，由人力资源部门牵头，各部门紧密配合，做好人力资源规划的实施。

③人力资源规划评估与反馈。

企业要根据企业的不断变化而对人力资源规划进行评估，评估内容包括是否仍然继续执行规划，规划本身是否出现不合理的地方，规划实施部分的结果是否达到预期目标，以及能否为未来的规划提供有效指导等。在评估过后，及时反馈给相关人员，进而对规划进行修改或者重新制订满足实际的规划，以此来实现企业的战略目标。

（2）人力资源规划的具体实施

JG 公司实施人力资源规划需要明确以下几方面内容。

①确定人力资源规划内容。企业需结合企业战略目标、年度效益目标及短期发展规划，如筹建 BIM 团队、增强跟踪审计队伍建设、拓宽业务市场等，来确定年度招聘计划、培训计划、绩效考核目标责任、员工薪资福利调整等方面的内容。

②明确时间节点。企业应根据人力资源规划内容的划分，确定每个分项工作的具体实施时间，以此确保时间上能完全落实在本年度内；在执行时间明确的情况下，确定检查时间，以此来保障各分项工作在计划时间节点完成。

③明确执行人员。企业在人员配备方面，一方面是确定各分项工作的负责人，尤其是牵头在计划时间内完成相应的年度规划内容的负责人；另一方面是确定检查人员，按检查时间对各分项工作完成情况进行检查，并及时向管理层反映情况，以便必要时调整规划，并为下一年度规划制订提供参考。

④预算。企业应根据各分项工作的具体内容确定所需预算，并落实预算出处，保障各分项任务顺利执行；在实施过程中要协调好各部门、各分项任务之间的关系，确保规划严格执行，定期总结规划进展情况，确保规划落实。

2. 招聘机制的优化方案与实施

（1）完善招聘机制

为了落实 JG 公司人力资源规划，提高招聘效率，满足企业人力资源需求，针对 JG 公司招聘工作中的一些问题，提出以下优化建议。

①制订科学的招聘计划。

在招聘计划制订时，企业要依据战略目标和人力资源规划确定人才需求，切忌盲目吸收人才。企业应拓宽招聘渠道，根据招聘人才的需求，有针对性地

在各招聘渠道发布信息，以便更快更好地找到所需人才。

②加强面试环节技巧。

面试最重要的在于通过面对面沟通，全方位了解应聘者的综合素质、职业生涯规划，以及是否有长期任职的意愿，从而更进一步确定应聘者与应聘岗位要求以及企业发展目标的匹配度。企业最终从应聘者中选出的应是最合适的人才，而不一定是最优秀的人才。

（2）招聘具体实施

①优化招聘渠道。

目前 JG 公司采取的招聘渠道主要为员工推荐及校园招聘。员工推荐招聘成本小，并且应聘人员与推荐员工有一定关联性，其基本素质可靠；但选择面比较窄，往往不能充分发现优异人才。校园招聘能够为公司储备人才提供人才库，而且费用低廉；校园招聘虽能选取许多潜在人才，但毕业生职业水平不高，流失率较高，需要企业投入更多的精力进行系统的培训。

JG 公司为了选取更多的人才，需要拓宽自身的招聘渠道，可以通过网络招聘、企业内部竞聘，以及现场招聘会等形式。网络招聘一方面可以定时定向投放招聘信息，也可以根据情况随时管理招聘信息，其费用相对较低；另一方面，通过网络渠道企业会收到大量求职信息，但信息质量常有待提高，需要企业一一甄别，加大了招聘工作压力。企业内部竞聘能够极大地提振员工士气，招聘费用低，并且聘用人员能够快速进入工作状态；但是人员在总体数量上仍然没有得到补充，而且不利于企业管理创新。现场招聘会的费用较低，且可以对应聘者进行初筛；但需要耗费的时间较多，同时不一定保证有足量的应聘人员。

JG 公司可以根据招聘需求及相关岗位要求，有侧重地选择招聘渠道，如招聘应届毕业生可以主要通过网络招聘以及校园招聘进行，招聘具有工作经验的熟练工可以主要通过员工推荐、专业网站、现场招聘会进行选聘。

②灵活运用 STAR 原则。

STAR 是情境（Situation）、任务（Task）、行动（Action）、结果（Result）四项的英文首字母缩写。应聘者的简历即使做得再精致再完善，也不能立体地完全反映出其所具备的学识、技艺、阅历、能力等，尤其是个人性格、职业理念、工作习惯等方面更是无法在简历中展现。面试考官使用 STAR 原则，可以更好地在面试环节了解应聘者简历中描述的工作业绩在实际工作中是在什么背景下如何取得的，从而能清晰地获知应聘者对简历中描述的所取得的工作业绩有多少贡献。面试考官接下来可以详细了解应聘者每项工作任务的具体内容，以此来判断应聘者的工作经历和经验，以及完成每项工作任务的具体做法，从而了解应聘者的工作方式、思维方式和行为方式。最后，面试考官通过询问每项任务完成后的结果如何，有哪些好的方面及哪些不好的方面，来了解应聘者的性格与反思能力。JG公司可以通过询问面试者尤其是专业技术人员是否在以前的工作中遇到一些造价咨询方面的争议问题，来了解面试者的看法、处理思路、解决措施、处理依据以及最终结果等方面的信息，从而判断应聘者是否符合企业招聘需求，是否满足应聘岗位要求，以及是否有更适合应聘者的招聘岗位。

3. 培训与开发的优化方案与实施

JG公司在人力资源管理的六大模块中存在或多或少的问题，其中最突出的问题主要集中在两个模块：培训与开发模块、绩效模块。以下是对培训与开发模块的优化方案与实施措施。

（1）建立科学的培训体系

①培训对象与培训课程设置。

培训是否有针对性决定着培训计划的实施能否达到预期效果。由于个体的差异，员工在专业知识、工作能力及工作经验等方面存在差异，因此培训内容的设置要符合不同层次员工的自身需求。JG公司主要培训对象分为新入职人员、专业技术人员以及管理人员。根据不同的培训对象设置不同的培训课程，有利于达到预期的培训效果。结合JG公司的培训对象，培训课程也划分为三类：公司相关知识类培训、专业知识类培训、管理知识类培训。

②培训方式优化及培训经费预算。

公司在进行培训方式的优化时，可以将职外培训和职内培训有机结合起来。结合JG公司的行业性质、员工数量及节省成本的情况，公司职外培训可主要采取专题培训、现场讲解、案例分析及自我学习的方式；职内培训可通过工作教导、工作指派等方式来提高员工素质，使员工做到"干中学"及"学中干"，以便取得更好的提升效果。企业应结合经营预算及人力资源预算，再根据培训人数、培训时间等因素，制订培训经费预算，确定预算来源并进行落实，做到专款专用。

（2）培训具体实施

①培训实施。

在培训计划制订好后，企业就要有组织、有计划地着手实施。在进行培训时，首先，要将培训内容与考核相结合，重视过程控制，记录参训者在培训过程中的反应及意见，根据考核结果及参训者反应来调整培训内容的重点，使培训内容更符合培训者当下的需求。其次，培训应事前沟通，收集参训者在此次培训方面着重想了解和学习的知识点，如不同合同形式的项目如何结算审核、现场勘查的重点难点等，从而在提升企业学习氛围的同时，强化培训效果。再次，注重培训过程中的沟通，不仅包括讲师与受训者之间的沟通、受训者之间的沟通，还包括受训者与管理者之间的沟通。管理者可以通过沟通了解受训者对培训的看法，受训者可以得到管理者指导性的建议。最后，在培训后建立应用环境，使培训得到实际应用，从而加强培训效果。

②培训评估。

培训成果评估和反馈是培训中不可或缺的组成部分。培训评估不仅是培训效果的检验，也是培训工作的总结。培训评估结果不仅包括实施过程中的过程评估，而且包括培训结束后的事后评估。企业通过过程评估来对接下来的培训计划进行及时修改和完善以加强培训效果；企业通过事后评估为企业决策提供信息。JG公司可以利用观察法、面谈等方式了解受训者对培训主题、内容等方面的满意程度；也可以通过培训后观察受训者的行为或者与其上级管理者交流的方式来了解培训效果。

③形成学习型企业文化。

首先，JG公司可以在企业中树立起学习的理念，通过各种形式的培训活动，积极地宣传学习的意义，让员工认识到学习的重要性。其次，企业可以营造良好的学习氛围，积极倡导"干中学"及"学中干"的思想，为员工创造良好的学习氛围，使学习成为企业的一种文化。最后，将企业发展与员工个人发展有机结合起来，创造员工终身学习的环境，从而营造学习型企业文化。

4. 绩效管理的优化方案与实施

绩效管理模块是人力资源管理体系中重要的组成部分，JG公司在绩效管理上存在突出问题，以下是优化方案及实施措施。

（1）绩效管理优化方案

①制订科学的绩效考核标准。

绩效管理处于人力资源管理的核心地位，而企业绩效目标的制定标准是由企业的发展战略所决定的。绩效管理通过逐级分解企业绩效目标，从而确定科学合理的部门目标及个人目标，为企业部门及员工指明了努力方向，以此保证企业战略目标的实现。

影响绩效的因素主要有两方面：一是主观因素，包括员工的核心竞争力及企业和员工受到的激励效果；二是客观因素，包括企业与员工面临的外部环境，以及企业和员工开展工作所需要的各种资源。因此，企业在绩效考核标准的设置方面应尽量避免主观因素,使考核标准客观、明确、公平以及可量化,从而能反映出考核对象的真实情况。

②加强绩效考核反馈与沟通。

绩效考核不能只停留在执行方面,绩效管理的过程实际上是企业管理者与员工不断沟通的过程,如果绩效考核只有执行而离开了沟通,那么企业的绩效管理将难以达到预期效果。因此,JG公司在绩效考核中要建立管理者与员工之间的沟通渠道与反馈机制,便于双方之间开展及时有效的沟通。

③发挥绩效考核结果的作用。

企业需要充分发挥绩效考核结果的作用,使员工和企业都能从中获益,而不是单纯将其作为企业薪酬分配的参考。

合理的绩效考核能够促进企业和个人绩效的提升。在绩效管理的各个阶段,管理者与员工保持良好的沟通,能帮助员工找到工作中的长处和不足,从而促进员工个人成长。在一个绩效考核周期过后,不管是部门或是个人,其下一周期的绩效目标,通常都会超出前一个周期,以尽力达成部门与员工进一步提升绩效的效果。经过绩效管理的不断循环,企业与个人绩效都会得到全面提升。

此外,绩效考核可以使企业管理流程和业务流程不断得到优化。在绩效考核过程中,企业各级人员都会提高业务处理效率,以更好地完成绩效目标。在这个过程中,人们会不断优化各种流程,以使企业运行效率得到有效提升。企业只有充分地发挥绩效考核的综合效用,才能更好地实现企业战略目标,留住更多的人才,获得更加长远的发展。

(2)绩效考核具体实施

①绩效考核标准。

JG公司主要从事工程造价咨询服务,业务主要以项目来划分。对于作为中小型企业的JG公司来说,之前的绩效考核较为烦琐,绩效考核成本相对较高,因此要对绩效考核标准进行简化,不仅要突出考核重点,也要充分考虑绩效成本,节省企业开支。以下是对业务部门与个人绩效考核通过提炼精简后围绕作业项目制订的新的考核标准。

业务部门实行项目考核制,项目的主要考核标准如下。

a.营销目标,主要是指业务部门开发客户及接受新项目的能力,预期收入以及回款率。此指标主要责任人是部门经理及营销人员。

b.项目管理,主要是指项目管理情况,包括项目工期、作业人员配置、与外部单位协调能力等内容。

c.项目成本率,主要是指项目投入产出比。

d. 项目质量，主要是指项目在作业过程中是否符合规范及公司要求，质量控制过程是否到位，以及最重要的方面——项目成果质量高低。

e. 客户满意度，主要是指在项目进行过程中及完成后客户对公司的满意度及评价。

企业在完成部门绩效考核后，对部门员工进行绩效考核，根据员工在部门参与项目的完成情况、付出程度等进行综合考核。以下是对员工的主要考核标准。

a. 项目进度，主要指员工作业进度能否达到要求，在碰到无法解决的问题时能否协调外部单位解决问题或在无法解决时及时向上级汇报。

b. 项目质量，主要指员工业务质量。

c. 承担职责，主要指员工在项目过程中承担的职责，如项目作业小组组长等，考评时应予以考虑。

d. 工作态度，主要指员工工作态度及团队协作能力。

e. 客户满意度，主要指在项目进行过程中及完成后客户对公司的满意度及评价，是否被投诉。

JG 公司一般进行月度绩效考核，考核周期过短，给绩效考核工作带来很大工作压力。在充分考虑项目作业周期，以及考核相关信息收集等方面因素的情况下，建议优化改为季度绩效考核，如此能缓解企业绩效考核的成本压力，也使员工有足够的时间来分析自身考核结果并提升工作积极性。

②绩效考核反馈与沟通。

JG 公司可以在计划、实施、结果三个阶段加强与员工的沟通，建立相应的沟通渠道与反馈机制，使企业与员工之间的沟通及时有效开展。

a. 绩效计划沟通。在形成绩效目标时，企业采用从上往下的沟通方式来分解企业战略目标，从而形成部门绩效目标和个人绩效目标。在确定具体考核指标时，企业与员工进行双向沟通来明确指标的合理性，便于目标完成。

b. 绩效实施沟通。在绩效管理、绩效辅导以及绩效考核的过程中，考核者与被考核者应当加强沟通，以使问题及时得以发现和解决。

c. 绩效结果沟通。这是绩效沟通的重中之重。企业将绩效考核的结果及时反馈给员工，使员工明白自己过去一段时间内的行为是否正确，并以正确的思想面对考核结果，充分了解自己的优缺点，清晰地认识到与考核结果优异的员工间有哪些差距。企业管理者需要及时帮助员工分析问题，明确自我的成长方向，激发员工的工作积极性，增强员工对公司的认同感。

③绩效考核结果应用。

绩效考核结果的合理应用，能够最大限度地发挥出绩效考核结果的作用，对被考核者产生极大的激励作用，从而带动企业提升效益，促进企业战略目标的实现。

a.考核结果影响绩效工资。优秀的绩效考核结果能够为员工带来更多的收入，这是激励员工最重要的因素之一。JG 公司可以在薪资体系中增加绩效工资的比例，以考核结果的好坏来决定员工绩效工资的高低，以此来督促员工为取得更好绩效而努力，激发员工的工作积极性，促进个人和企业绩效的提升。

b.以绩效考核结果作为员工岗位调整的重要依据。企业可以通过纵向或横向的岗位调整，对员工进行奖惩。纵向调整包括职务的升降以及职级的调整，从而激发员工的工作自主性；横向调整包括岗位轮换，使优秀员工接触不同的业务，在学习与工作过程中得到成长，从而达到员工培养的目的。建议 JG 公司以纵向调整为主、横向调整为辅的方法来使绩效考核结果得到更好的应用，如在连续两年绩效考核为优等的员工，可以向上调整 1 至 2 个职级。

c.员工培训依据绩效考核结果做出相应调整。企业可以通过分析总体绩效考核结果，找到过去一个绩效考核周期内主要存在的不足之处，针对此来调整或增加培训计划，以培训的方式弥补之前的不足并防止以后重复出现此类问题，从而使员工的认知和能力得到有效提高，进而提升绩效效益。JG 公司也需根据员工个人绩效考核结果，让考核者对每个被考核者针对性地提出学习和提升方向以及需要完善的不足之处，对若干人的共性问题可以小范围培训或发放培训资料，以帮助员工更快成长。

5. 薪酬福利管理的优化方案与实施

（1）完善薪酬福利体系

好的薪酬福利制度能够提升员工的薪酬满意度，激发员工的工作积极性，对外帮助企业在招聘市场上对人才更具吸引力，对内帮助企业留住人才，降低离职率。建议 JG 公司薪酬福利制度优化的主要方向是为专业技术人员引入明确的职级工资体系，如此不仅在物质方面激励了员工，更是为员工提供了上升渠道并明确了努力方向。JG 公司可以依据员工的职业资格，员工间互评，企业相关部门和管理者评价，以及每次的绩效考核结果等因素，经综合评定后确定员工的职级工资。

（2）薪酬福利体系实施

建议 JG 公司将专业技术人员划分为 4 个职等 9 个职级，如表 5-1 所示。

表 5-1 　 JG 公司专业技术人员职等职级表

职等	职级	专业技术职系
1	9	总工程师
2	8	副总工程师
	7	总工程师助理
3	6	高级造价师（Ⅰ-Ⅲ）
	5	中级造价师（Ⅰ-Ⅲ）
	4	初级造价师（Ⅰ-Ⅲ）
4	3	高级造价师（Ⅰ-Ⅲ）
	2	中级造价师（Ⅰ-Ⅲ）
	1	初级造价师（Ⅰ-Ⅲ）

依据上述职等职级划分，一方面，企业原本的薪资体系会更加明确化，从而进一步使薪资体系在横向与纵向上更加公平，薪资水平与工作绩效更加匹配，有助于提高员工薪酬满意度。另一方面，新的薪资体系能更好地起到激励作用。在该体系下，员工更加明确自身定位，可以通过提高自身绩效以及不断学习来提高自身薪资水平。

6. 员工关系管理的优化方案与实施

（1）将员工与企业结成命运共同体

拥有高素质的企业家和高素质的员工是一个企业取得成功的根本原因。只要能充分发挥人的才能和潜力，不使人力资源得到浪费，企业的生存和成长就具有不竭的动力。企业的发展离不开员工，员工的发展也脱离不了企业。员工职业生涯发展目标不仅是指员工能得到充足发展的目标，且与企业战略发展目标关系密切。企业可以通过对员工职业生涯发展目标的了解和分析，为员工制订与企业战略发展目标相合的职业规划，从而提供给员工一个全面施展才能的平台，使员工获得更多的成就感，满足员工自我实现的需求。企业也可以从中获取到最大利益。

（2）改善员工关系

①制订制度、规则、工作程序及工作要求。企业在制订相关政策时，由相应部门牵头对企业自身情况，新规定的预期执行情况与效果，以及可能遇到的困难点进行充分考虑，以此来起草新的规章制度。相关部门在新规定草拟完成后对各部门及员工代表征询意见，在吸纳征询意见并修改后提交企业高管审议，

通过后下发执行。这能最大限度地使企业制订的各项制度、规则、工作程序及工作要求得到员工的支持，以便得到更好地执行。

②建立员工反馈机制。企业应定期在员工中开展满意度调查，重视员工对企业管理及工作的各方面提出的意见建议，认真分析，对于合理的部分积极采纳，并告知员工，以使员工清晰地知道，自己的意见能参与到企业决策中去，从而使员工更好地将自己的职业生涯目标与企业发展目标相结合。在日常工作中，部门管理者要通过日常工作来发现可能存在的问题，并征询员工对问题的看法及建议，及时向企业高管汇报并做相应的调整及改善。企业高管每年可召开 1 至 2 次生活会，来征集员工对企业管理及发展的看法及建议，对于员工理解不到位的问题及确实存在困难无法及时解决的情况要积极向员工解释，并重视相应问题。

③重视离职者面谈。企业要与每个离职者进行面谈，从中发现员工对企业的真实感受，找出企业中存在的一些问题，积极解决问题，从而改善企业的管理工作，使企业得到长远发展。JG 公司人力资源部门及员工所在部门要积极约谈每一个离职者，对入职年限短但相对优秀的员工要进行积极挽留，对于入职年限长的员工要及时向企业高管汇报。企业高管也应与离职者进行深入面谈，积极听取其离职原因，判断是否由于企业原因造成，或者深入咨询老员工对企业发展的看法以及对企业发展的建议，并最大限度地挽留老员工继续留在企业。

第三节 人力资源管理创新实践案例

本节介绍 A 公司人力资源管理创新的案例。

一、A 公司人力资源基本概况

（一）公司简介

东营经济技术开发区成立于 1992 年，经过 20 余年的发展，成为国家级经济技术开发区，同时是山东省示范园区、国家高新技术产业示范区。A 公司坐落于东营经济技术开发区，是开发区中少有的规模以上的高新技术企业，是开发区高新技术企业的代表。A 公司成立于 1998 年，总资产 282 亿元，主营业务是铜、金、银的生成，同时包括稀有贵金属的提取。A 公司是集科、工、贸为一体的集团化公司，现有员工近 3000 人。随着互联网时代的到来和国际油价的持续低位，企业出现了人才流失率上升、用工紧张、人力资源管理效率低下等现象，2014 年和 2015 年两年的员工离职率接近 10%。在"新常态"下和互联网背景下，如何重建公司的人力资源管理成为企业亟须解决的问题。

（二）人力资源概况

1. 组织结构

A 公司现行的组织结构属于职能型组织结构，比较简单。董事长下设总经理和副总经理，属于经理责任制的管理方式。总经理主要负责公司的市场营销和财务管理；副总经理主要负责公司产品的生成和技术创新。从组织结构上看，A 公司没有独立的人力资源管理部门，通过调查发现，A 公司的人力资源管理工作主要由办公室和各个职能部门协作分工来管理。

2. 人力资源结构

（1）年龄与性别构成

A 公司属于有色金属产业，隶属石油装备和油服行业，要求员工具有较强的劳动能力，所以要求员工最好处于青壮年时期。A 公司现有员工 2985 人，其中男员工 1988 人，女员工 997 人。在年龄构成上，员工最大年龄 61 岁，最小年龄 20 岁，80% 的员工处于 20 岁～ 39 岁之间。

（2）学历构成

随着人才引进对学历要求的不断提高，A 公司的员工的平均学历呈现上升趋势。现有员工中，本科及以上学历占比 71%，其中硕士 728 人，博士 126 人。

（3）职称构成

近年来，A 公司严格落实职称评审制度，员工技术水平不断提高。公司现有正高级职称员工 56 人，副高级职称 367 人，中级职称 1067 人，初级职称 997 人。

二、人力资源管理存在的问题及其原因

（一）人力资源管理存在的问题

1. 人才管理理念落后

通过调查发现，A 公司领导对员工培训的重视程度不高，大多数员工认为接受培训的机会较少。A 公司的管理者并不重视人力资源管理活动。在实际工作中，A 公司的人力资源管理工作由办公室分管，没有专门的人力资源管理部门。A 公司将人力资源管理视为简单的人事工作，即员工的招聘、培训、考核和薪酬发放等，并根据公司管理者的意愿进行人力资源管理活动。同时，A 公

司对员工的培养重视程度不高，没有人才库建设，而且缺乏有效的激励机制，存在激励效果不佳和不公平的现象。

2. 创新型人才储备不足

通过对 A 公司员工学历和职称的构成分析发现，随着公司对人力资源学历层次要求的提高，A 公司员工总体学历水平较高。但是实践工作中，A 公司的创新型人才是储备不足的。一方面，A 公司对员工培训的重视程度不高，在培训中存在培训时间不合理、内容陈旧、形式单一、考核不完善、效果不理想等情况，这些都不利于公司创新型人才的培养和储备。另一方面，当 A 公司出现人力资源需求时，公司大多简单地通过人才市场和社会公开招聘进行员工的招录，且对于一般岗位，招聘的过程比较简单，招聘程序和考核带有象征性。甚至对于一些需要专业技术水平的岗位，没有经过专业技术考核即录用。这些都不利于创新型人才的获取。同时，A 公司在员工入职后，对新员工的培训不完善，存在先上岗后培训的现象。企业对新员工的培训没有规划、不系统，有时候仅是简单交代几句工作范围、要求和职责。

3. 公司组织结构设置不合理

前文已介绍，A 公司现行的组织结构属于职能型组织结构，董事长下设总经理和副总经理，没有独立的人力资源管理部门，人力资源管理工作主要由办公室和各个职能部门协作分工来管理。随着公司规模的扩大，公司的组织结构并没有做出相应调整，还是保持原来的组织结构。公司现在大部分员工从事生产、研发、销售等工作，从事服务职能工作的员工很少。人力资源管理工作的培训、招聘、员工职业生涯规划都存在问题。同时，随着公司规模的扩大，直线型的组织结构十分臃肿，影响了公司运转的效率。

4. 人力资源管理方法落后

由于 A 公司没有专门的人事部门，导致人事专员的工作往往比较冗繁，在处理人事工作的同时还要肩负大量的行政工作。同时，相关人员在人力资源管理专业领域的造诣不高，对人力资源管理模块的新理论、新方法、新举措不了解。通过对调查问卷的统计分析，A 公司现有的招聘方式主要是人才市场和校园招聘。虽然公司能够招聘到合适的员工，但是在招聘的效率和精准度上都比较低。在员工培训方面，被调查者普遍反馈公司现行的培训流于形式；在员工考核和激励上，方式方法单一。通过走访发现，A 公司没有建设人力资源管理系统，更没有员工发展系统。落后的人力资源管理方法使得 A 公司的人力资源管理效率低下，没有实现人尽其才、才尽其用、人事相宜，没有最大限度地发挥人力资源的作用。

5. 人力资源管理效率低下

在 A 公司，岗位需求和岗位设计工作具体由谁负责并不明确，甚至很多被调查者连招聘工作的具体负责部门都不清楚，人力资源管理工作仅仅是简单的人事工作，如招聘、培训和薪酬发放等。同时，A 公司为了追逐利润最大化，对员工的管理非常严格，设计了很多规章制度。但是 A 公司的员工大部分是"85后"的知识型员工，他们当前的需要更多是自我价值实现，过多的约束会影响员工的创造性、主动性、敬业度和忠诚度，严重会直接诱使员工离职，给公司造成重大损失。

6. 缺乏有效的激励机制

在调查中发现，A 公司为了整体的生产运营，往往会通过压低工人工资的方式来保证公司资金的流动性和充足率。同时，公司现行的薪酬制度仍然为传统的基本工资和绩效工资的简单叠加。基本工资依照岗位等级制订；绩效工资主要取决于员工表现，包括规章制度的遵守情况、产量／销量情况等，绩效工资占工资的比重不高，没有实现多劳多得的激励效果。此外，A 公司在员工处罚上制订了严格的"罚金制度"，从产品质量到迟到早退，不符合公司要求的行为一律用罚金的方式来处置。A 公司没有考虑更多方式以从根本上杜绝不良事件的发生，仅仅依靠惩罚并没有解决实质问题。且 A 公司的绩效考核形式非常单一，现行的考核制度有考勤和目标考核，但没有根据公司战略目标的设定，将企业战略目标进行分解，逐级下放，从而形成员工个人的目标管理责任书，使得在绩效管理上，员工个人目标和组织目标出现背离的现象。目标考核虽然有利于度量员工的实际生产任务完成情况，但却忽视了生产过程中的过程和控制，忽视了员工的自主性。

（二）人力资源管理存在问题的原因

1. 内部原因

（1）公司员工的特殊性和复杂性

A 公司属于高新技术企业，员工大多拥有本科以上学历，属于知识型员工，知识型员工的工作多具有高创造性和高复杂性的特点，他们往往更忠诚于自己的专业，因此 A 公司的人力资源较为复杂。这就对 A 公司的人力资源管理提出了更高的要求，要求人事专员具有一定的综合知识和对未来的预判能力。但是 A 公司没有专门的人力资源管理部门，相关人员的专业素养也不高，这就难免会出现纰漏和问题。同时，随着知识型员工年龄和工作年限的增长，自我实现的需求会更加强烈，员工的敬业度和忠诚度会受到影响，或发生员工离职而对企业造成重大损失。

（2）企业管理的复杂性

A公司是规模以上高新技术企业，企业管理的复杂程度较高。在企业管理过程中，管理者要充分考虑内外部环境的变化，通过管理职能的运用，有效的计划、组织、领导和控制，实现对公司人力、财力和物力等资源的优化配置，进而实现公司战略发展目标。A公司的管理复杂性主要是由于信息不对称引起的，随着企业所有者和经营者的分离，职业经理人的个人目标与企业所有者出现相背离的情形。此外，A公司员工较多，公司业务涉及的行业较宽，在具体的企业管理中，要求企业管理者具有更高的人际技能和概念技能，能够准确把握外界环境的变化，做出人事的重要调整，对重大问题能够做出有效的决策，这些都增加了人力资源管理的难度。

（3）企业文化存在的缺陷

企业文化是在长期的生产经营实践中，由员工共同建设并认可的价值观、规章制度、信念等。通过调查发现，A公司在创建之初，结合当时知名公司的管理经验设计了自己的企业文化，主要包括A公司的战略规划、规章制度、用人理念等内容。在长期的发展过程中，A公司的企业文化没有变更，公司对员工的关心程度不高，导致员工满意度低下。同时，A公司人力资源管理没有结合企业战略目标来制订，没有实行战略人力资源管理，导致A公司人力资源管理问题频出。

2. 外部原因

（1）社会因素

社会因素是社会上各种影响因素的总和，包括社会制度、风俗习惯、人文社交等。社会因素是影响A公司重要的外部原因之一。A公司处于东营市经济技术开发区。东营市是一座年轻的城市，成立于1983年，人文环境比较复杂，外来人口较多，人文环境具有一定的差异性。A公司在人力资源管理过程中，并没有根据东营市人文因素的特点实行差异化的管理，导致员工的满意度不高。

（2）政治法律因素

这里，政治法律因素是指通过规章制度的约束来影响A公司的人力资源管理。A公司在人力资源管理的过程中，对国家法律及地方的规章制度等解读不彻底，存在由于受到制度因素的影响导致的劳资纠纷。因此，A公司人力资源相关人员必须清晰《劳动法》的最新规定和相应的变动，做好员工的招聘、薪

酬发放、辞退等工作，降低由于政治法律环境造成的人力资源风险。

（3）经济因素

经济因素主要是指宏观经济的发展情况，具体包括消费指数、工业指数、原材料价格指数等。A公司所处行业较容易受到经济周期性波动的影响，企业的经营效益会出现周期性的变化。近年来，由于经济周期性波动和国际油价的低位运行，企业产出下降，员工的薪酬下降，企业对员工的需求下降，较高的失业率一定程度上影响了员工工作的稳定性。

（4）技术因素

A公司属于高新技术企业，其竞争力的核心是高新技术。随着科技的发展，新产品、新技术的更新速度越来越快。产品的异质性和可被模仿性降低。A公司技术提升的主要途径有高精尖人才的引进和自有员工的培训。受制于社会因素的制约，东营市对高精尖人才的吸引力较弱，导致A公司高端人才招聘困难。同时，调查结果显示，A公司培训费用支出不高、培训方式单一、培训效果不好，导致自有员工的研发能力不强，在激烈的市场竞争中逐渐丧失优势地位。

三、A公司人力资源创新管理策略

（一）改革创新招聘制度

1. 招聘渠道

员工招聘渠道分为内部招聘和外部招聘。通过对A公司现行招聘的调查发现，A公司的内部招聘主要用于员工晋升；外部招聘主要是新员工的招聘。在外部招聘渠道的选择上主要是以校园招聘和人才市场为主。在互联网背景下，截至2015年年底，我国网民的规模达到6.88亿，平均每周上网时间超过25个小时，使用手机上网的频率达到90%以上。因此，A公司必须应用线上招聘渠道，通过与知名的招聘网站合作，在网站上发布招聘信息，来使更多的求职者接收公司用人需求，扩大招聘的来源。此外，随着自媒体的发展，公司还可以通过微信、微博等渠道进行招聘信息的发布。

2. 用人标准

A公司在以往的招聘中对应聘条件设置严格的要求，在文化程度、专业背景、工作年限等方面进行约束。随着互联网时代的到来，A公司的人力资源管理应该在用人标准上进行创新，不应该仅仅局限于学历和工作年限，应增加公司的人才招聘渠道，构建以能力为导向的招聘机制。为了给公司提供持续的创新能力，保持企业活力，A公司要适当多招些年轻员工，因为年轻人对新事物的接受程度相对是最高的，他们具有很高的创新意识和自我实现意识。企业可在招聘条件中设置年龄段要求，如果选用员工超越这个年龄段，必须要获得相应的主管领导签字同意。

3. 面试方法

在A公司，面试方法单一，招聘流程主要由笔试和两次面试构成。面试多采用传统的结构化面试，面试问题陈旧，效率不高。在互联网背景下，求职者的社交圈更多集中在网络上，在面试过程中，面试考官除了解求职者的基本信息、专业知识外，还可以询问求职者对社交软件的使用情况等信息，通过对此调查可以更好地了解求职者的兴趣、爱好、专业、特长等。在面试过程中，面试考官可以采用性格测试工具作为参考，从而使面试更有针对性，提高面试的效率。

（二）改革创新培训机制

1. 培训平台的创新

A公司要应用互联网技术建立与员工交互式的培训平台，实现其人力资源管理与员工的无缝链接。在互联网培训平台，企业给员工载入相关的学习课程，每门课程设置相应的学分，规定不同岗位的员工每年需要学习的课程。由于不同岗位的员工对培训的需求是不同的，企业要根据员工的职称和职级设计不同的课程要求。同时，企业可在培训平台上建立员工讨论社区。员工可以在社区自由地对任课老师进行评论，诉求自己的学习期望。企业培训专员负责专门的信息收集工作，针对员工反馈信息做出培训课程的调整。通过互联网培训平台，企业可以更好地了解员工期望，了解员工的学习动向，还可以获得员工对人力资源管理的认同感，形成常态化的人力资源管理体系。

此外，A公司可借助社交软件，建立公众平台，每天发布学习信息和公司发展相关的文章，尽力去吸引员工，使员工主动地去分享公司的事情，为管理者提供切实可行的建议。同时，A公司的人事专员不能闭门造车，应积极地走出去，去其他企业人力资源部进行相关业务的学习，增强与其他企业的互动，不断提升自己。

2. 培训形式的创新

培训讲师一般是外聘人员，费用一般在3000元到5000元一天，成本较高，而且培训讲师的授课质量大多一般。在互联网背景下，A公司培训模式的创新

首先要建立企业内部培训讲师资源库，选取优秀的技术人员和管理者作为培训讲师。其次，企业可采用线上培训和线下公开课并行的模式。线上培训的视频主要由培训讲师录制，员工可通过互联网资源下载。企业可通过线上问卷调查，对需求较高的培训采用线下公开课的形式加深员工的学习。此外，企业应积极推进自媒体培训的发展，在公司培训公众号平台发布培训知识，提供移动学习终端，让员工随时随地都可以进行学习。

3. 培训考核的创新

A 公司现行的培训考核方式是培训结束后进行培训考试，据调查，A 公司的员工普遍喜欢现行的培训考核方式。为了提高员工培训的兴趣，增强员工培训后自我考核的主动性，A 公司应建立多样化的培训考核方式。对于试卷类的考核，企业可以通过电脑、手机终端进行，让员工用手机进行考核。此外，企业还可以采用文章撰写、项目制作的形式丰富考核方式。

（三）改革创新绩效管理

1. 绩效管理平台

绩效考核的目的是激发员工的工作积极性和工作潜能。在互联网背景下，A 公司可建立员工绩效管理系统，将每个员工的信息录入系统。绩效考核系统设置的内容可包括日常考勤、获得奖项、参加培训、工作业绩、客户评价等。员工可以登录自己的系统进行信息的更新和查阅，人事专员可根据员工提交的证明材料对员工在网上提交的申请进行审核，提高审批的效率，实现无纸化办公，为企业节约资源。同时，当人事专员需要查询员工个人信息时，只需要进入系统进行查阅，可节约工作时间。在绩效考核时候，员工登录到个人绩效考核系统进行自评，再由上级对其自评进行审核以完成评价。在日常绩效管理中，企业可邀请客户参与到绩效考核系统，随时对员工进行评价；并建立开放的社区，客户可以在里面表达自己的诉求和不满。同时企业应强调员工责任感，让员工自主自发地去工作，用员工的责任感去驱动员工的工作激情，而不是单纯依靠绩效目标来驱动。

2. 绩效管理工具

A 公司现行的绩效管理工具是 KPI，公司绩效考核的重点是业绩。在互联网时代，由于信息的公开透明，开发和维系客户变得非常重要。因此，在绩效管理中，企业需对现行的 KPI 考核工具进行变革。企业应强化客户考核的比重、去中心化、赋予员工更多决策权；减少公司的规章制度，减少公司官僚作风，